SYDNEY WARBURG

HITLERS GEHEIME FINANZIERS
DIE FINANZQUELLEN DER NATIONALSOZIALISMUS

OMNIA VERITAS

Sydney Warburg
(1880-1947)

Das Pseudonym „Sydney Warburg" steht entweder für einen einzelnen Autor oder für ein Kollektiv anonymer Autoren. Sie haben ein Buch verfasst, in dem die finanzielle Unterstützung der Nazipartei durch amerikanische Bankiers zwischen 1929 und 1933 beschrieben wird. Der niederländische Titel des Buches, „*De geldbronnen van het Nationaal-Socialisme: drie gesprekken met Hitler*", spielt auf drei Gespräche an, die Warburg angeblich mit Adolf Hitler geführt haben will. Die ursprüngliche Zuschreibung des Textes lautet „*Door Sydney Warburg, vertaald door J.G. Schoup*" (Von Sydney Warburg, übersetzt von J.G. Schoup).

Ins Deutsche übersetzt und herausgegeben von
Omnia Veritas Ltd

www.omnia-veritas.com

© Omnia Veritas Limited - 2024

Alle Rechte vorbehalten. Kein Teil dieser Veröffentlichung darf ohne vorherige schriftliche Genehmigung des Urheberrechtsinhabers in irgendeiner Form oder mit irgendwelchen Mitteln, sei es elektronisch, mechanisch, durch Fotokopie, Aufzeichnung oder auf andere Weise, vervielfältigt, in einem Abrufsystem gespeichert oder übertragen werden.

ANMERKUNG DES HERAUSGEBERS	9
EINFÜHRUNG	13
1929	22
1931	52
EPILOG	117
ANDERE TITEL	155

Anmerkung des Herausgebers

Der unten stehende Zeitungsausschnitt erschien in vielen großen Zeitungen in den USA und wurde von allen großen Fernsehsendern aufgegriffen. Soweit uns bekannt ist, hat keiner der Fernsehsender die Geschichte gesendet.

In der letzten Zeile der UPI-Mitteilung heißt es, dass das Manuskript am 1. Dezember 1982 neu aufgelegt werden würde. Am 4. Januar 1983 erhielten wir die Nachricht, dass der Verleger „seine Meinung geändert" habe und das Dokument nicht neu drucken würde. Ein Grund wurde nicht genannt. In den letzten 50 Jahren ist dieses Buch also zweimal unterdrückt worden. Welche Kräfte dies verursacht haben, bleibt unbekannt, aber wenn sie so mächtig sind, haben wir allen Grund zu glauben, dass wir in Zukunft von ihnen hören werden.

Diese dritte Ausgabe des Manuskripts entspricht zwar wortgetreu dem Original, doch wurden zuvor unveränderte Fehler in Rechtschreibung und Zeichensetzung korrigiert.

Die Geschichte ist nun der Richter über die Echtheit des Buches.

San Jose Mercury News-Samstag,
25. September 1982

Buch behauptet: US-Banker unterstützten Hitler

MÜNCHEN, Westdeutschland (UPI) - Ein Verlag behauptete am Freitag, ein Buch entdeckt zu haben, in dem behauptet wird, amerikanische Bankiers hätten Adolf Hitler mit Millionen von Dollar beim Aufbau seiner Nazi-Partei unterstützt.

Der Verlag Droemer Knaur erklärte, er habe von einem niederländischen Arzt ein Exemplar des Buches erhalten und sei überzeugt, dass es authentisch sei.

Sie sagten, das Buch, das von dem verstorbenen US-Banker Sidney Warburg geschrieben wurde, sei während des Krieges verschwunden.

Warburg, ein Miteigentümer der New Yorker Bank Kuhn Loeb and Cie. beschrieb in dem Buch drei Gespräche, die er mit Hitler auf Bitten amerikanischer Finanziers, der Bank of England und Ölfirmen führte, um Zahlungen an die Nazipartei zu erleichtern, so der Verlag.

In dem Buch wird behauptet, Hitler habe 1929 10 Millionen Dollar von Kuhn Loeb und Cie. erhalten, weitere Zahlungen von 15 Millionen Dollar im Jahr 1931 und 7 Millionen Dollar bei Hitlers Machtübernahme 1933, so die Herausgeber.

Sie sagten, Warburg habe sich in dem Buch als „feiges Instrument" seiner amerikanischen Bankkollegen bezeichnet, weil er Geschäfte mit Hitler vermittelt habe.

Das Buch wurde ursprünglich 1933, kurz vor Warburgs Tod, in Holland veröffentlicht, verschwand aber während des Krieges, nachdem sein Übersetzer und sein Verleger ermordet worden waren, so der Verlagssprecher.

Er sagte, dass man dachte, die Nazis hätten die

Morde begangen und Kopien des Buches vernichtet, um nicht in Verruf zu geraten.

Das Buch wird am 1. Dezember unter dem Titel „How Hitler Was Financed" (Wie Hitler finanziert wurde) neu aufgelegt, sagte er.

Einführung

Das Buch, das Sie gleich lesen werden, ist eines der außergewöhnlichsten historischen Dokumente des 20 Jahrhunderts.

Woher hatte Hitler die Mittel und den Rückhalt, um 1933 die Macht in Deutschland zu erlangen? Kamen diese Mittel nur von prominenten deutschen Bankiers und Industriellen oder auch von amerikanischen Bankiers und Industriellen?

Der prominente Nazi Franz von Papen schrieb in seinen MEMOIRS (New York: E. P. Dutton & Co., Inc. 1953) S. 229, „... der am besten dokumentierte Bericht über den plötzlichen Erwerb von Geldern durch die Nationalsozialisten war in einem Buch enthalten, das 1933 in Holland von dem alteingesessenen Amsterdamer Verlag Van Holkema & Warendorf unter dem Namen 'Sidney Warburg' unter dem Titel DE GELDBRONNEN VAN HET NATIONAAL SOCIALISME (DRIE GESPREKKEN MET HITLER) veröffentlicht wurde."

Das von Papen zitierte Buch, das Sie gleich lesen werden, wurde tatsächlich 1933 in Holland veröffentlicht, blieb aber nur wenige Tage in den

Regalen. Das Buch wurde gesäubert. Alle Exemplare - bis auf drei zufällig überlebende - wurden aus den Buchhandlungen und aus den Regalen genommen. Das Buch und seine Geschichte wurden zum Schweigen gebracht - fast.

Eines der drei erhaltenen Exemplare gelangte nach England, wurde ins Englische übersetzt und im Britischen Museum aufbewahrt. Dieses Exemplar und die Übersetzung wurden später aus dem Verkehr gezogen und sind derzeit für die Forschung „nicht verfügbar". Das zweite niederländischsprachige Exemplar wurde von Bundeskanzler Schussnigg von Österreich erworben. Über seinen derzeitigen Verbleib ist nichts bekannt. Das dritte überlebende niederländische Exemplar gelangte in die Schweiz und wurde 1947 ins Deutsche übersetzt. Diese deutsche Übersetzung wurde wiederum vor einigen Jahren von diesem Redakteur im Schweizerischen Sozialarchiv in Zürich gefunden, zusammen mit einer eidesstattlichen Erklärung der drei niederländisch-deutschen Übersetzer und einer Kritik des Buches. Dieser Herausgeber fertigte Kopien des deutschen Textes an und gab eine englische Übersetzung in Auftrag. Diese Übersetzung werden Sie hier lesen. Selbst wenn man die doppelte Übersetzung vom Niederländischen ins Deutsche und vom Deutschen ins Englische berücksichtigt, bleibt der ursprüngliche lebendige Stil im Wesentlichen erhalten. Das Buch ist keineswegs eine langweilige Lektüre.

Das ursprüngliche Buch *FINANCIAL ORIGINS OF NATIONAL SOCIALISM* wurde als Fälschung gebrandmarkt. Seit 1933 sind jedoch zahlreiche deutsche Regierungsakten aus der Vorkriegszeit an die Öffentlichkeit gelangt, darunter die beschlagnahmten Akten des Auswärtigen Amtes und die Dokumente des Nürnberger Prozesses. Diese bestätigen die Geschichte in wichtigen Punkten.

So behauptet Sidney Warburg in dem Buch, er habe sich 1933 mit einem obskuren Bankier von Heydt getroffen. Aus den deutschen Unterlagen wissen wir heute (1982), dass die niederländische Bank voor Handel en Scheepvaart N.V. 1933 eine Geldschleuse für die Nazis war. Der frühere Name dieser Bank war „von Heydt Bank". Ist das ein Zufall? Woher sollte Sidney Warburg das 1933 wissen?

Es gibt noch andere Verbindungen. Wir wissen heute, dass das deutsche Kombinat der I. G. Farben ein Finanzier Hitlers war, und Paul Warburg war ein Direktor der amerikanischen I. G. Farben. Außerdem war Max Warburg ein Direktor der deutschen I. G. Farben. Max Warburg unterzeichnete auch das Dokument zur Ernennung von Hjalmar Schaht zum Reichsbankdirektor - und Hitlers Unterschrift erscheint neben der von Max Warburg.

Die Familie Warburg bestritt jedoch jede

Verbindung zu Hitler. Die Warburgs bezeichneten das Buch als Fälschung und drohten dem Verlag, es aus den Buchhandlungen zu entfernen. In jedem Fall werden die Warburgs nicht direkt beschuldigt. „Sidney Warburg" war nur der Kurier. In Wirklichkeit sind alle genannten Bankiers Nichtjuden, nicht jüdisch.

Im Jahr 1949 gab James P. Warburg eine eidesstattliche Erklärung ab, die das Rätsel noch vergrößert. Warburg leugnete, das Buch „Sidney Warburg" überhaupt gesehen zu haben, bezeichnete es jedoch als vollständige Fälschung! Außerdem zeigt eine sorgfältige Lektüre der eidesstattlichen Erklärung von James Warburg, dass sich sein Dementi auf ein anderes Buch bezieht, das von einem der Übersetzer, Rene Sonderegger, veröffentlicht wurde, und nicht auf das Buch „Sidney Warburg". Und um das Rätsel noch zu vertiefen, wird diese eidesstattliche Erklärung von Warburg in den MEMOIRS von Fritz von Papen veröffentlicht - derselben Quelle, die Sidney Warburg als Quelle für genaue Informationen über die Finanzierung Hitlers empfahl (und Papen war natürlich ein prominenter Nazi).

Noch heute umgibt das Dokument ein Geheimnis. Die ursprüngliche Erklärung für die Veröffentlichung, dass ein einzelnes Mitglied der Familie Warburg vor dem kommenden europäischen Krieg warnen wollte, klingt authentisch.

Das Who is Who des Buches

- „Rockefeller„ John D. Rockefeller II.

- „Carter" John Ridgley Carter, verheiratet mit Alice Morgan, verbunden mit Morgan-Interessen in Paris.

- „Deterding" Henri Deterding, Chef von Royal Dutch Shell und überzeugter Hitler-Anhänger.

DOKUMENTATION

Betreffend die Finanzierung von politischen Ereignissen

Für das Archiv der Schweizerischen Lanclesbibliothek

11. Februar 1947

ERLÄUTERUNG

Die drei unterzeichnenden Zeugen bestätigen, dass es sich bei dem beiliegenden Dokument um keine andere als die wortgetreue Übersetzung des Buches von Sidney Warburg aus dem Niederländischen ins Deutsche handelt, von der ihnen während des gesamten Übersetzungsvorgangs ein Exemplar ständig zur Verfügung stand. Sie bezeugen, dass sie dieses Original in Händen hielten und es nach bestem Wissen und Gewissen Satz für Satz gelesen und ins Deutsche übersetzt haben, wobei sie den Inhalt der beigefügten Übersetzung gewissenhaft mit dem Original verglichen haben, bis eine vollständige Übereinstimmung erreicht war. Das Originalbuch trägt den Titel: De Geldbronnen van het Nationaal-Socialisme, Drie Gesprekken met Hitler, Door Sidney Warburg, vertaald door I. G. Shoup (sic), es trägt den Stempel des Verlags „Vol Hardt En Waeckt" und erschien im Jahre 1933 in Amsterdam als Broschüre, bestehend aus neunundneunzig Seiten Text, herausgegeben von Van Holkema & Warendorf's

Uitg.-Mij. N.V.

Zürich, Schweiz, 11. Februar 1947.

Dr. Walter Nelz
geboren am 4. März 1909, Bürger von Zürich

Wilhelm Peter
geboren am 28. Juli 1906, Bürger von Gottingen

Rene Sonderegger
geboren am 16. Januar 1899, Bürger von Heiden

Ausgestellt in drei Exemplaren für den Unterzeichner, mit zwei weiteren Exemplaren, von denen eines dem Schweizerischen Sozialarchiv in Zürich und der Schweizerischen Landesbibliothek in Bern zur Verfügung gestellt wird.

Sidney Warburg:
Die finanziellen Quellen des Nationalsozialismus.
Drei Gespräche mit Hitler Übersetzt von J. G. Schoup van Holkema & Warendorf, Publishers, Amsterdam, 1933, 99 S.

WIE ES PASSIERT IST...

Sidney Warburg sagte sehr wenig, solange die Gäste anwesend waren. Jetzt war er mit mir allein und begann über den Sinclair-Skandal zu sprechen.

„Es gibt Momente, in denen ich aus einer Welt voller Intrigen, Betrügereien, Schwindeleien und Börsenmanipulationen fliehen möchte. Hin und wieder spreche ich mit meinem Vater, aber auch mit anderen Bankern und Maklern über diese Dinge. Wissen Sie, was ich nie verstehen kann? Wie ist es möglich, dass Menschen mit gutem und ehrlichem Charakter - wofür ich reichlich Beweise habe - sich an Schwindel und Betrug beteiligen, wohl wissend, dass Tausende davon betroffen sein werden. Die Mächte von Sinclair Trust haben der Wall Street Millionen von Dollar eingebracht, aber Tausende von Sparern ruiniert. Fragt man nach den Gründen für die unehrlichen und moralisch nicht vertretbaren Praktiken der Finanzbosse, erhält man nie eine Antwort. Auch wenn ihr Privatleben ordentlich und gut ist, kann es nicht sein, dass sie ihren wahren Charakter ablegen, sobald sie die Finanzwelt betreten, und alle Vorstellungen von Ehrlichkeit und Moral zugunsten von Geld, manchmal Millionen von Dollar, vergessen."

Der Gewissenskampf, der in diesen Worten von Sidney Warburg, Sohn eines der größten Bankiers der Vereinigten Staaten, Mitglied des Bankhauses Kuhn, Loeb & Co. in New York, sichtbar wird, ist die Tragödie seines Lebens. Er konnte sich nie von seinen Verbindungen zu diesem Milieu lösen, dessen tiefste Beweggründe er nie ganz erfassen konnte.

Diese Worte aus dem Jahr 1928 erklären vielleicht, was ich mich 1933 gefragt habe, warum er sich schließlich entschlossen hat, der Welt zu sagen, wie der Nationalsozialismus finanziert wurde. Dabei hat er seine eigene Rolle pflichtbewusst nicht in den Hintergrund gedrängt, sondern seine persönliche Beteiligung ehrlich eingestanden.

Als ich das Manuskript von ihm erhielt, zusammen mit der Bitte, es zu übersetzen, spürte ich, dass die Tragödie im Leben des Autors einen endgültigen Punkt erreicht hatte, der ihn zu dem ehrlichen Bekenntnis zwang, das auf den folgenden Seiten enthalten ist. Dies ist mein erster Schritt zur inneren Freiheit, die ich ihm von ganzem Herzen wünsche, weil er den Mut hat, vor der ganzen Welt zu sagen: „Sie haben es möglich gemacht, aber ich war ihr feiger Laufbursche!"

Wenn die „arme Welt" und die „arme Menschheit" - Worte, mit denen der Autor sein Werk beendet - seinen Aufschrei nicht verstehen, dann war sein Eingeständnis ein Akt des Mutes, der notwendig war, um ihn zu machen. Diesen Mut zu haben bedeutet, mit alten Kreisen zu brechen und ehemalige Freunde als Menschen ohne Gewissen vor der Welt zu entlarven, vor allem, wenn man seine eigene volle, unverhohlene Beteiligung an diesem Prozess offenbart.

Oktober 1933
Der Übersetzer

1929

Geld ist Macht. Der Bankier weiß, wie er es konzentrieren und verwalten kann. Der internationale Bankier betreibt internationale Politik. Dazu wird er von der Zentralregierung des Landes, in dem er sich niedergelassen hat, gezwungen, denn die Regierung beeinflusst die Notenbank. In anderen Ländern heißt diese die Nationalbank. Wer versteht, was sich in den letzten Jahren hinter dem Wort „national" verbarg und noch immer verbirgt, weiß auch, warum sich der internationale Bankier aus der internationalen Politik nicht heraushalten kann.

Die amerikanische Bankenwelt hatte sich seit Monaten in einem rasanten Tempo entwickelt. Wir erlebten einen Boom, und wir wussten es. Pessimisten sagten einen plötzlichen Absturz voraus, aber wir schrieben jeden Tag größere Aufträge aus, und die Wall Street selbst machte sich über die Pessimisten lustig. Die Wall Street gab der ganzen Welt Geld - selbst die ferne Balkanhalbinsel, deren Namen wir in der Schule gehört und längst vergessen hatten, erhielt Kredite, ihre Schuldverschreibungen wurden verkauft, Spekulanten stürzten sich auf sie und der Wechselkurs stieg. Noch heute, 1933, sind sich die

Volkswirte nicht einig, warum die Pessimisten gerade 1929 Recht hatten und nicht ein Jahr früher oder später. 1929 war der Beginn einer miserablen Epoche für die Wall Street, die bis heute nicht beendet ist.

Der Wechselkurs brach nicht ein, wie man üblicherweise einen Rückgang bezeichnet, sondern stürzte einfach ab, und innerhalb weniger Wochen war die Kreditmanie in New York völlig vorbei. Agenten aus kreditsuchenden europäischen Staaten mussten mit leeren Händen nach Hause zurückkehren. Amerika schien kein Geld mehr zu haben. In schwierigen Zeiten ist es hier üblich, dass die Mächtigen ihre Ansichten nicht verschweigen. Die führenden Zeitungen veröffentlichten Interviews mit Hoover, McCormick, McKenna, Dawes, Young und zahlreichen anderen, aber das half uns an der Wall Street nicht. Wir lebten in der Hölle.

Immer wenn man zum Telefon gerufen wurde, waren bei der Rückkehr die Kurse von Stahl, Anaconda, Bethlehem und den führenden Ölgesellschaften um zehn bis zwanzig Punkte gefallen. Der Kursverfall lockte alle an, ob sie wollten oder nicht, und ich kenne so manchen seriösen, angesehenen Bankier von ausgezeichnetem Ruf, der die Spekulation mit den Wechselkursen für kriminell hielt, sich dann aber selbst daran beteiligte. Er tat dies ganz offen, ohne seinen Makler zu bitten, seine Aufträge zu verschleiern oder sie vor dem Markt geheim zu halten.

Ich sagte bereits, dass wir in der Hölle lebten. Jetzt, 1933, erinnert man sich an diese Tage, aber niemand kann sich die tatsächliche Situation vorstellen, ohne sie erlebt zu haben. Wir dürfen nicht vergessen, dass die ganze Welt auf die Wall Street schaute, und dass London, Paris, Amsterdam, Berlin alle in die Spannung, in der New York lebte, verwickelt waren. Aus diesem Grund hatte der Crash an der Wall Street internationale Bedeutung.

Ich überlasse es anderen, die Ursachen für den plötzlichen Zusammenbruch aufzudecken. Ich möchte nur kurz den Zustand des amerikanischen Finanzwesens im Jahr 1929 beschreiben. Ohne einen Blick darauf wäre das Folgende für meine Leser weitgehend unverständlich.

Die Federal Reserve Banken hatten riesige Summen in Deutschland stehen. Die Kredite in Deutschland waren seit der Auflösung der Darmstädter und der Nationalbank, dem Zusammenbruch der Nordwolle, der Reorganisation der D-Banken (Darmstädter, Deutsche, Dresden und Düsseldorf), der Ausgabe der Young-Obligations und der Gründung der Bank für internationalen Zahlungsverkehr eingefroren. In Österreich war der Fall nach der Krise der Kreditanstalt derselbe. Französische, belgische, rumänische und italienische Kriegsschulden wurden noch beglichen, aber verschiedene Schuldnerstaaten begannen bei jeder Gelegenheit, Änderungen der Annuitäten und

Zinssätze zu verlangen. Jahre zuvor waren die französischen Kriegsschulden zu sehr günstigen Bedingungen geregelt worden, die sich für Frankreich als allzu vorteilhaft erwiesen. Kurzum, die Vereinigten Staaten hatten 1929 Forderungen gegenüber ausländischen Regierungen und Privatpersonen im Ausland in Höhe von 85 Milliarden[1] Dollar. Das war im April. Die amerikanische Bankenwelt war von Wilson nie begeistert gewesen. Bankiers und Finanziers hielten seinen Idealismus zwar für gut genug für das Studium, aber ungeeignet für die praktische, internationale Geschäftswelt. Aus diesem Grund war die Wall Street nie sehr glücklich über den Vertrag von Versailles gewesen, der nach Wilsons Vorgaben erstellt worden war. Dieser Vertrag war formell abgelehnt worden, weil Frankreich darin grundlos begünstigt wurde. Das war 1920 der Fall, 1929 war daraus eine offene Feindseligkeit geworden. Auch wenn die ursprünglichen Vereinbarungen in der Zwischenzeit in vielerlei Hinsicht geändert worden waren (Dawes - Young usw.), so blieb doch die Tatsache bestehen, dass Frankreich nach Ansicht der amerikanischen Bankenwelt den Schlüssel zur wirtschaftlichen Erholung Deutschlands in der Hand hatte, weil es bei den Reparationen bevorzugt wurde und weil es den Anspruch hatte, diese in Gold und nicht in Waren zu erhalten. Sobald man erkennt, dass das

---

[1] Ein Billard = Tausend Milliarden 2 Ein Milliard = Tausend Millionen

Wohlergehen Amerikas und Großbritanniens, ja der ganzen Welt, von diesem wirtschaftlichen Aufschwung abhängt, wird klar, warum die Amerikaner versuchten, den wirtschaftlichen Aufbau Deutschlands und Mitteleuropas durch Kredite zu fördern. Aber Frankreich machte ihnen einen Strich durch die Rechnung, denn was immer Amerika Deutschland vorschoss, entweder direkt oder über London, oder was London selbst direkt gab, fand früher oder später seinen Weg nach Frankreich in Form von höheren Reparationen. Deutschland konnte nicht genug exportieren, um einen Handelsüberschuss zu erzielen, der seine Reparationen an Frankreich decken würde. Daher musste es seine Schulden aus seinem Kapital bezahlen, das aber in Form von großen Krediten von Amerika und England vorgeschossen worden war. Die Situation wurde unerträglich. Deutschland konnte nicht mehr unbegrenzt Devisen annehmen, und Amerika und England konnten nicht unbegrenzt Geld leihen.

Amerikas Auslandsforderungen waren in Deutschland, Österreich und Mitteleuropa wegen der zuvor beschriebenen Schwierigkeiten größtenteils eingefroren worden. 85 Milliard2 (sic) Dollar sind selbst für ein Land wie Amerika keine Kleinigkeit. 50 bis 55 Milliarden Dollar davon waren nach sicheren Schätzungen eingefroren und der Rest war keineswegs sicher, weil man am guten Willen der ehemaligen Verbündeten - mit Ausnahme Englands - zur Rückzahlung der Schulden an Amerika zweifeln musste.

An diesem Punkt müssen wir ein Stück weit in die Nachkriegsgeschichte zurückgehen. Seit den ersten Tagen nach der Unterzeichnung des Versailler Vertrages betrachtete Frankreich dessen Bestimmungen als dauerhaft und heilig, nicht aus sentimentalen Erwägungen, sondern aus verständlichem Eigeninteresse. So sehr man sich in den vergangenen Jahren bemüht hat, die französischen Regierungen und die französischen Finanzexperten in Wort und Schrift davon zu überzeugen, dass von Deutschland mehr verlangt wurde, als es nach den Bestimmungen des Vertrages geben konnte, so wenig hat sich diese Sichtweise in den führenden Kreisen in Paris durchgesetzt. Solange die Franzosen nicht von dieser Wahrheit überzeugt sind, ist eine internationale Zusammenarbeit nicht möglich. In diesem Jahr findet in London eine Weltwirtschaftskonferenz statt. Ich würde keinen Pfennig auf ihren Erfolg wetten, wenn die französische Regierung ihren Standpunkt nicht grundlegend ändert. In allen Verhandlungen, die seit 1920 zur Änderung des Versailler Vertrags geführt wurden, hat sich Frankreich stets gegen eine Kürzung der ihm zustehenden Reparationen gewehrt. Mehrere Kürzungen wurden trotzdem durchgesetzt, aber Frankreich verlangte nie mehr, als es unmöglich erhalten konnte, und verstand es sogar, sich durch Kürzungen Vorteile zu verschaffen. Frankreich hat also, auch durch die Annahme des Young-Plans, den größten Teil der Annuitäten ohne Bedingungen erhalten und konnte seine daraus resultierende

Überlegenheit gegenüber Deutschland behaupten. Ich verurteile das Verhalten Frankreichs nicht. Politiker und Finanziers in Frankreich waren der Überzeugung, dass die Möglichkeit einer Wiederholung von 1914 offen gehalten werden sollte und dass sie versuchen sollten, der Gefahr zuvorzukommen; für sie erhöhte ein blühendes Deutschland die Möglichkeit einer solchen Wiederholung. (Die Deutschen waren immer die Raubritter in Europa und werden es immer sein, genau wie im Mittelalter). Deutschland muss nach französischer Auffassung wirtschaftlich schwach bleiben. Aber die Welt braucht ein wohlhabendes Deutschland, Amerika mehr als alle anderen. Und warum? Suchen Sie die Erklärung in den Werken der politischen Ökonomie, in den Beispielen praktischer, internationaler Ökonomie, in den dicken Büchern zum Thema, die viel Blödsinn enthalten, alle verraten einen völligen Mangel an Einsicht in die Realität. Politische Ökonomen sind zunächst einmal in erster Linie Akademiker. Sie kennen Banken, Fabriken, Handelsbüros, Börsen, aber nur von außen. Vergessen Sie nicht, dass Wilson, als er noch Professor in Princeton war, in Amerika als der beste politische Ökonom bekannt war. Aber ich bin vom Thema abgewichen. Wir müssen uns erinnern: Frankreich will aus Sorge um seine eigene Sicherheit kein blühendes Deutschland; Amerika und England aber brauchen ein gesundes Deutschland, sonst können beide nicht wohlhabend sein. Um Deutschland wirtschaftlich niederzuhalten, macht Frankreich von seinem Anspruch auf Reparationen Gebrauch, die aufgrund von Wilsons mangelndem gesunden Menschenverstand und der Siegesbegeisterung von 1918-20 von allen viel zu hoch angesetzt wurden und zu einer unglaublichen Belastung für Deutschland wurden. Alle deutschen Regierungen standen zwischen den Stühlen: auf der einen Seite die Forderungen des Auslands (vor allem Frankreichs), auf der anderen Seite die Wut im eigenen Land. Erfüllten sie die ausländischen Forderungen, dann schrie das deutsche Volk Verratsvorwürfe und Vorwürfe aus dem Volk können sehr laut klingen - wehrten sie sich, dann drohte eine französische Militärbesetzung. Auf diese Weise kam das Abenteuer Ruhrgebiet zustande. Es erwies sich für Frankreich als erfolglos und es gab weitere Versuche auf, fand aber andere Wege, seinen Reparationsanspruch vorteilhaft zu nutzen. Ich kann in dieser kurzen Darstellung nicht die gesamte französische politische Strategie erläutern. Ich möchte nur hinzufügen, dass Frankreich es verstand, hartnäckig gegen jede Kürzung der Reparationen zu kämpfen oder Kürzungen zu akzeptieren, wenn sie durch andere Vorteile ersetzt werden konnten. Solange Frankreich seine Reparationsforderungen durchsetzen konnte, solange die amerikanischen und englischen Kredite an Deutschland nicht ausreichten, um den wirtschaftlichen Wiederaufbau zu sichern, musste dieser Wiederaufbau an den Forderungen des Versailler Vertrages scheitern.

Es wird niemanden überraschen, dass sich die amerikanische Finanzwelt nach anderen Mitteln umsah, um Frankreich in dieser Frage schachmatt zu setzen. Wenn es gelänge, Frankreich die Waffe der Reparationen aus der Hand zu schlagen, dann könnte Deutschland seine Wirtschaft mit Hilfe Amerikas und Englands wieder auf eine solide finanzielle Basis stellen und den beiden größten Ländern der Welt die Tür zum Wohlstand öffnen. Im Juni 1929 fand ein Treffen zwischen den Federal Reserve Banks und den führenden unabhängigen Bankiers der Vereinigten Staaten statt. Ich habe erst später erfahren, welche Richtung dieser Gedankenaustausch nahm. Doch zunächst möchte ich auf die internationale Welt des Öls eingehen. Es gibt nämlich eine internationale Ölwelt, genauso wie es eine internationale Bankenwelt gibt; das muss Ihnen doch bekannt sein. Ölkönige sind gefräßige Männer. Standard Oil und Royal Dutch sind gute Freunde. Beide Unternehmen haben die Welt in Bezirke aufgeteilt, und jeder hat bestimmte Zahlen für sich reserviert. Jedes Unternehmen ist vollständiger Herr über das ihm zugewiesene Gebiet. Auf diese Weise haben diese Leute im Laufe der Jahre große Gewinne angehäuft. Aber Sowjetrussland hat dann alles verdorben, indem es einen starken Wettbewerb gegen Standard Oil und Royal Dutch einführte. Seitdem machen die Unternehmen nur noch sechs bis sieben Prozent Gewinn aus ihrem Kapital, aber das ist nicht genug, um die Gier der Direktoren zu befriedigen. Die russische Konkurrenz war in Deutschland besonders erfolgreich, weil verschiedene deutsche Regierungen den neuen Machthabern Russlands entgegenkamen und durch Kredite usw. versuchten, dem russischen Öl und Gas einen leichteren Zugang zum deutschen Markt zu ermöglichen als jedem anderen Land. Haben Sie noch ein paar Zeilen Geduld, und Sie werden verstehen, warum Vertreter von Standard Oil und Royal Dutch bei den Konferenzen der Federal Reserve Banks im Jahr 1929 mit amerikanischen Bankern anwesend waren. Ich werde nicht weiter auf internationale Finanzangelegenheiten eingehen, sondern lediglich berichten, welche Rolle ich auf der oben erwähnten Konferenz von 1929 gespielt habe, welcher Auftrag sich daraus für mich ergab und wie ich ihn ausgeführt habe. Dieses Geständnis ist trocken und langweilig für die Anhänger phantastischer Erzählungen, und sie werden es einfach wegwerfen. Meine Erzählung ist noch weniger für diejenigen geeignet, die wissen, dass das wirkliche Leben aufregendere und spannendere Geschichten schreibt als die kühnste Fantasie, die ein Romanautor erfinden kann, denn für sie sind nur Mord, Totschlag, Diebstahl, Erpressung, Drohungen, Scheidung und Sex-Appeal spannungsvoll. Meine Erzählung ist die getreue Beschreibung von vier Gesprächen, die ich mit dem „aufsteigenden Mann" in Europa, Adolf Hitler, geführt habe. Ich habe nicht die Absicht, ein literarisches Werk zu schreiben, denn ich berichte nur über meine eigenen Erfahrungen, über alles, was ich gehört und gelernt habe, und ich werde hier und da meine eigenen Meinungen einfügen, damit sich meine Leser besser orientieren können. Mit der Veröffentlichung meiner Erlebnisse will ich keinen Hass gegen Personen wecken, sondern die Missetaten eines

Systems aufdecken, das die Welt beherrscht und das zulassen kann, woran ich selbst beteiligt war. „Kann geschehen lassen" ist nicht der richtige Ausdruck. Was tatsächlich passiert ist, ist das, was ich meine.

Im Juli 1929 wurde ich eingeladen, am nächsten Tag in die Büroräume von Guaranty Trust in New York zu kommen, um ein Gespräch mit Carter, dem Präsidenten und Beauftragten der Bank, zu führen. Carter war allein und begann ohne Formalitäten. Am nächsten Tag sollte eine Sitzung der Direktoren von Guaranty Trust stattfinden, bei der die Präsidenten der anderen Federal Reserve Banks sowie fünf unabhängige Bankiers, der junge Rockefeller und Glean von Royal Dutch anwesend sein würden. Carter hatte mit den Männern bei dem früheren Treffen, von dem ich wusste, dass es im Juni stattgefunden hatte, über mich gesprochen, und sie waren sich alle einig, dass ich der Mann war, den sie brauchten. Ich spreche perfekt Deutsch und habe vier Jahre lang in Hamburg bei einem befreundeten Bankunternehmen gearbeitet. Carter informierte mich über die Lage. Ich wusste alles über die internationalen Finanzprobleme, dazu brauchte er nichts zu sagen. Ich wusste auch, dass die New Yorker Bankenwelt nach Mitteln und Wegen suchte, um Frankreichs Missbrauch der Reparationsforderungen zu beenden. Ich erhielt ein kurzes Resümee dessen, was Frankreich auf dem Gebiet der internationalen Finanzpolitik getan hatte. Carter wusste auch, dass London die gleiche Meinung wie New York vertrat. Ich würde dann darüber informiert werden, was am nächsten Tag besprochen werden würde, aber er konnte sich auf jeden Fall auf meine Anwesenheit bei dem Treffen verlassen.

Natürlich kam ich am nächsten Tag. Carter und Rockefeller dominierten die Verhandlungen. Die anderen hörten zu und nickten mit dem Kopf. Das Thema, um das es ging, war - um Carters Worte zu gebrauchen - sehr einfach. Jedem von uns war klar, dass es nur einen Weg gab, Deutschland aus den finanziellen Klauen Frankreichs zu befreien, und das war die Revolution. Die Revolution konnte von zwei verschiedenen politischen Gruppierungen durchgeführt werden. Zuerst kamen die deutschen Kommunisten in Frage, aber wenn eine kommunistische Revolution in Deutschland gelänge, würde die Macht Sowjetrusslands gestärkt und die bolschewistische Gefahr für den Rest der Welt vergrößert werden. Es blieb eine Revolution, die von deutschnationalen Gruppen ausgelöst wurde. Es gab zwar mehrere Gruppen dieser Richtung, aber keine politische Bewegung war radikal genug, um einen wirklichen Umsturz des Staates in Deutschland herbeizuführen, wenn nötig mit Gewalt. Carter hatte einen Bankdirektor in Berlin über einen gewissen Hitler sprechen hören. Rockefeller selbst hatte in einem deutsch-amerikanischen Flugblatt einen kurzen Aufsatz über die von diesem Hitler (er sagte „Heitler") angeführte nationalistische Bewegung gelesen. Bei dem früheren Treffen war beschlossen worden, mit „diesem Mann Hitler" Kontakt aufzunehmen und zu versuchen, herauszufinden, ob er für eine finanzielle

Unterstützung durch die Amerikaner empfänglich wäre. Nun war die Frage klar an mich gerichtet: Wäre ich bereit, nach Deutschland zu reisen, mit ihm in Kontakt zu treten und die notwendigen Schritte zu unternehmen, um diese finanzielle Unterstützung zu organisieren? Es musste schnell gehen, denn je eher die nationalistische Gruppe in Deutschland aufgebaut werden konnte, desto besser. In meinen Verhandlungen mit Hitler sollte betont werden, dass von ihm eine aggressive Außenpolitik erwartet wird, er sollte die Revanche-Idee gegen Frankreich anstacheln. Das Ergebnis wäre Angst auf französischer Seite und folglich eine größere Bereitschaft, in internationalen Fragen, die eine eventuelle deutsche Aggression betreffen, amerikanische und englische Hilfe zu erbitten. Hitler sollte natürlich nichts über den Zweck der Hilfe erfahren. Es sollte seiner Vernunft und seinem Einfallsreichtum überlassen bleiben, die Beweggründe für den Vorschlag zu entdecken. Das nächste Gesprächsthema war, dass ich von Hitler erfahren sollte, wie viel Geld er benötigte, um eine vollständige Revolution des deutschen Staates herbeizuführen. Sobald ich das wüsste, sollte ich Carter im Geheimcode des Guaranty Trusts mitteilen, an welche europäische Bank der Betrag in meinem Namen überwiesen werden sollte, damit ich ihn dann an Hitler übergeben konnte. Ich nahm den Auftrag an. Aber warum? Wenn mir diese Frage gestellt wird, weiß ich nicht, was ich antworten soll. Im Jahr 1929 hätte ich vielleicht gesagt: Weil ich genauso empfinde wie Carter. Aber wann weiß ein Mensch jemals, ob er für das Gute oder das Böse handelt? Eigentlich ist das hier irrelevant. Ich erzähle, was durch meine Teilnahme geschehen ist.

Drei Tage später befand ich mich an Bord der Isle de France mit Ziel Cherbourg; zwölf Tage später war ich in München. Ich reiste mit einem Diplomatenpass, mit Empfehlungsschreiben von Carter, Tommy Walker (damals noch nicht kompromittiert), Rockefeller, Glean und von Hoover. Die diplomatische Welt stand mir ebenso offen wie die Gesellschaft, die Bankenwelt und nicht zuletzt die Regierungskreise.

Hitler war nicht leicht zu erreichen. Der Mann war entweder feige oder fürchtete, sich billig zu machen. Dem amerikanischen Konsul in München ist es nicht gelungen, mich mit Hitlers nationalistischer Gruppe in Verbindung zu bringen. Dadurch habe ich acht Tage Zeit verloren. Ich beschloss, die Sache selbst in die Hand zu nehmen und ging mit einer Empfehlung des amerikanischen Konsuls zum Bürgermeister von München, Herrn Deutzberg. Der Bürgermeister versprach uns, dass ich am nächsten Tag einen Bericht darüber bekommen würde, wann Hitler mich empfangen würde, aber ich zweifelte an seinem Wort. Er hatte aber nicht zu viel versprochen, denn am nächsten Tag traf im Laufe des Vormittags ein freundlicher Brief von Deutzberg beim Portier meines Hotels ein, in dem der Tag und die Stunde angegeben waren, zu der mich Hitler im Bierkeller empfangen würde. Ich brauchte dem Kellner im Cafe nur meinen Namen zu nennen und würde zu Hitler gebracht werden.

Das alles erweckte bei mir den Eindruck geheimer Mafia-Methoden. Ich ging hin, und alles lief wie geplant. Hinter der großen Halle des Bierkellers befindet sich ein roter, altmodischer Raum, in dem Hitler zwischen zwei Männern an einem langen Tisch saß. Ich habe den Mann oft auf Bildern gesehen, aber auch ohne ihn in Zeitschriften gesehen zu haben, hätte ich gewusst, dass Hitler der Mittlere ist. Die drei Männer standen auf, jeder stellte sich vor, der Kellner brachte mir einen großen Krug Bier und ich konnte beginnen. Natürlich wollte ich meinen Auftrag nicht in Anwesenheit der beiden Gefährten ansprechen. Ich wollte ein vertrauliches Gespräch zwischen uns beiden. Hitler flüsterte mit den beiden Männern und sagte in scharfem Ton zu mir: „Das ist nicht meine übliche Vorgehensweise, aber wenn Sie Referenzen vorweisen können, werde ich es in Betracht ziehen." Ich gab ihm ein paar einleitende Briefe. Er zögerte nicht länger. Ein Blick auf die beiden Männer genügte, um sie verschwinden zu lassen.

Ich legte dann alle meine Referenzschreiben auf den Tisch und bat Hitler, sie zur Kenntnis zu nehmen. Nachdem er die Briefe gelesen hatte, fragte er mich, ob ich vorhätte, über mein Gespräch mit ihm in einer amerikanischen Zeitung zu berichten. Ich verneinte. Das machte einen sichtbaren Eindruck auf ihn. „Ich halte nicht viel von Journalisten", sagte Hitler sofort. „Besonders von amerikanischen Journalisten." Ich habe nicht gefragt, warum. Es interessierte mich nicht. Vorsichtig stellte ich ihm mehrere Fragen. Auf jede bekam ich eine ausweichende Antwort, anstatt eines klaren Ja oder Nein. Zwischendurch trank Hitler seinen großen Bierkrug aus und läutete. Sofort kam der Kellner, der mich hereingeführt hatte, und nahm eine Bestellung auf. Der neue Krug muss ihm die Zunge gelockert haben, denn dann ging er weg.

„Ich finde die Amerikaner von allen Ausländern am sympathischsten. Sie waren die ersten, die uns nach dem Krieg geholfen haben. Das wird Deutschland nicht vergessen. Ich spreche von einem neuen Deutschland. Was halten Sie von unserer Bewegung drüben in Ihrem Land?...Unser Parteiprogramm wird ja ins Englische übersetzt. Bald wird die Zeit ihnen sagen, was wir wollen. Das deutsche Volk leidet unter der Sklaverei der im Versailler Vertrag geforderten Reparationen. Freiheit gibt es für die Deutschen nicht mehr, weder im Inland noch im Ausland. Unsere Regierungen bestehen seit 1918 aus Feiglingen und Verrätern, jede von ihnen ist korrupt. Das Volk glaubt der neuen Führung. Juden und Marxisten sind hier die Herren. Alles dreht sich nur noch um Geld. Disziplin und Ordnung gibt es nicht mehr. Der deutsche Beamte ist unzuverlässig. Eine Tragödie für das Land... niemand gedeiht unter diesem Gesindel. Von Reichstag und Landtag ist nichts zu erwarten. Alle politischen Parteien betreiben schändliche, zwielichtige Geschäfte. Die Regierung lässt sich vom Ausland die Gesetze diktieren, statt Zähne zu zeigen und zu erkennen, dass das deutsche Volk noch zum Widerstand fähig ist. Das Volk ist viel besser als die Regierungen... Wie kann man das ändern? Wir führen eine intensive Propagandakampagne gegen Verrat und Erpressung. Wir haben nicht mehr als zwei Tageszeitungen und unsere lokalen Organisationen wachsen ständig. Sie glauben, sie würden unsere Bewegung durch das Verbot von Uniformen behindern. Das ist Unsinn. Die Uniform ist nichts ohne den Geist. Wir werden weiter am Geist des Volkes arbeiten, die Unzufriedenheit muss sich ausbreiten, die Arbeitslosigkeit muss zunehmen, nur dann können wir vorankommen. Die Regierung hat Angst, denn wir haben bewiesen, dass wir den richtigen Weg zu den Herzen des Volkes kennen. Wir bieten Arbeit und Brot. Wir können es auch geben, sobald ein aufgeklärtes Volk erkennt, dass es ein Recht auf Leben hat und seinen Platz unter den Völkern einnimmt. Die Reichswehr[2] hat sich überall durch unsere eigenen Anstrengungen und unsere Gliederungen, durch strenge Disziplin entwickelt. Wir sitzen nicht auf einer Utopie von jüdischen und marxistischen Bastarden. Unsere Plattform ist deutsch, und wir werden keinen Zentimeter nachgeben."

Hitler machte auf mich einen einzigartigen Eindruck. Seine kurzen, abgehackten Gedankengänge, sein Geschwätz, sein wirres Herumgerede ohne ernsthafte Beweise ließen mich denken, dass dieser Mann innerlich leer war und mit

---

[2] Deutsche Nationale Armee.

seiner aufgeblasenen Rede eine wilde Demagogie betreiben konnte. Ich erwähnte die Organisation seiner Bewegung.

„Ein starker Geist der Solidarität beherrscht unsere Bewegung. Viele Arbeitslose aus den Großstädten haben sich uns angeschlossen, viele Mittelständler aus kleineren Gebieten und viele Bauern aus dem Plattenland. Unsere Leute geben von dem Wenigen, das sie haben, um unsere Bewegung am Laufen zu halten. Unehrlichkeit und Betrug kann es nicht geben, denn ich habe alles in der Hand. Die vorbildliche Ausbildung unserer Leute zieht alle Finanzen automatisch zur zentralen Stelle hier in München, und ich bin diese zentrale Stelle..."

„Kraft? Aber das ist doch eine Selbstverständlichkeit. Eine große Bewegung lässt sich ohne Gewalt praktisch nicht entwickeln. Das dumme Geschwätz der Pazifisten ist einfach lächerlich. Diese Leute leben nicht. Leben ist Kraft. Leben ist Kraft. Schauen Sie sich die Natur an, schauen Sie sich die Tierwelt an, dort ist das einzige Gesetz das Gesetz des Stärkeren... gegenüber dem Ausland? Es kann gar nicht anders gehen. Amerika will ich ausklammern, aber andere Länder nicht. Glauben Sie, dass Deutschland seine Kolonien ohne Gewalt zurückbekommen wird, oder Elsass-Lothringen, oder die riesigen polnischen Gebiete, oder Danzig?... Geld? Das ist die entscheidende Frage; Geld kann nur verdient werden, wenn das deutsche Volk frei ist, seine wirtschaftliche

Stabilität herzustellen, dann können wir die günstigste Gelegenheit ergreifen, um mit der Kraft unserer Waffen für unsere Rechte zu kämpfen... Frankreich ist unser Feind, die anderen früheren Verbündeten sind unsere Konkurrenten, das ist ein wichtiger Unterschied... Die Betrügereien der jüdischen Banken müssen ein Ende haben. Spekulanten aus Galizien nehmen dem Mittelstand das Einkommen weg. Riesige Kaufhäuser verdrängen die kleinen Gewerbetreibenden... Steuern und Mieten müssen reguliert und abgeschafft werden... „Hitler steckte die Hand in die Öffnung seines braunen Hemdes. „Hier ist unsere Plattform. Darin finden Sie alles, was wir uns vorgenommen haben."

Es war an der Zeit, dass ich den Zweck meines Besuchs zur Sprache brachte. Er ließ mich nicht zu Wort kommen. „Schwierigkeiten? Natürlich gibt es Schwierigkeiten, aber sie behindern mich nicht. Ich habe die Befreiung des deutschen Volkes zu meinem Lebensziel gemacht, und entweder werde ich siegen oder ruiniert werden. Unsere größte Schwierigkeit ist, dass das Volk nach Jahren der Vernachlässigung apathisch geworden ist. Deshalb brauchen wir eine kraftvolle, überzeugende Propaganda, die das Volk wachrüttelt. Eine solche Propaganda kostet Geld... Nein, wir können von unseren Mitgliedern keine hohen Beiträge verlangen, ich musste sie bereits senken, weil viele sie sich nicht leisten konnten... In manchen Kreisen, vor allem beim Adel, gibt es Sympathien für unsere Bewegung. Aber diese Sympathien sind nicht rein, und wir sind uns ihrer nicht sicher. Ich möchte nicht der Diener der monarchistischen Bewegung in Deutschland sein. Alle Aristokraten hier sind von monarchistischen Gesinnungen infiziert, und ich werde sie aus diesem Grund nicht in die Bewegung lassen, ohne ihrer Überzeugung sicher zu sein. Selbst dann stehen sie unter strenger Kontrolle durch unsere Führer... Wir können noch nicht auf die Sympathie der Großkapitalisten zählen, aber sie werden uns unterstützen müssen, wenn die Bewegung mächtig geworden ist. Was denken die Menschen in Amerika über unsere Bewegung?"

Die amerikanische Interpretation seiner Partei schien Hitler besonders zu interessieren. Ich gab ihm die gleiche Antwort wie zuvor, dass wir in Amerika zu wenig von seinen Bemühungen wüssten, um uns eine Meinung zu bilden. Wieder erwähnte er die Schwierigkeiten. „Es gibt viele Arbeiter, die für unsere Propaganda empfänglich sind, aber ihre eigenen Interessen halten sie davon ab, sich der Bewegung anzuschließen. Die sozialdemokratischen Gewerkschaften verfügen über enorme Mittel. In diesen Zeiten ist es natürlich für viele fast unmöglich, die Beiträge an die Gewerkschaften nicht zu zahlen. Wir suchen nach Mitteln, um sympathisierende Elemente in den Gewerkschaften für unsere Bewegung zu gewinnen. Sie können uns einen nützlichen Dienst erweisen, indem sie die Meinung ihrer Kollegen beeinflussen. Im Moment arbeite ich an einem großen Plan für eine eigene Pressestelle hier in München und ein Verlagsbüro mit Filialen in Berlin, Hamburg und einer Stadt am Rhein. Norddeutschland haben wir noch nicht bearbeitet, und die Rheinprovinzen sind auf dem Weg. Bayern ist generell positiv eingestellt, ebenso wie Sachsen."

Es wurde immer schwieriger, meinen Auftrag auszuführen. Hitler schien sich selbst gerne reden zu hören, und als ich versuchte, ein kleines Wort einzuwerfen, das zum Zweck meines Besuchs führen könnte, wechselte er das Thema zu etwas anderem. Er fuhr fort...

„Präsident Hindenburg steht unserer Bewegung nicht wohlwollend gegenüber, aber er wird sich dem Willen des Volkes sicher nicht widersetzen, wenn die Zeit gekommen ist. Die Clique der Aristokraten, die ihn umgibt, hat Angst vor der aufsteigenden Macht des deutschen Volkes, weil wir von ihnen verlangen können, dass sie für ihre schwache und feige Haltung gegenüber dem Ausland und den jüdischen Kapitalisten zur Rechenschaft gezogen werden: „Sind Sie auch ein Jude? Nein, zum Glück, sicher deutscher Herkunft. Ja, das sehe ich an Ihrem Namen." Jetzt hatte ich die Gelegenheit, auf die Schwierigkeiten der Hitler-Bewegung hinzuweisen, und kam direkt mit dem Plan der finanziellen Hilfe heraus.

„Wenn das möglich wäre, gäbe es nichts, was wir nicht erreichen könnten. Unsere Bewegung wird ohne Waffen sterben. Sie können uns die Uniformen wegnehmen, aber unsere Prinzipien werden sich verbreiten. Aber wir brauchen Waffen... Geschäfte zu machen, macht mir nichts aus, und mit Geld kann ich überall Waffen bekommen. Wir haben hier in München eine Schule für Waffentraining eingerichtet, die von der Bewegung sehr geschätzt wird."

An diesem Punkt brachte ich meinen sorgfältig formulierten Vorschlag zur Sprache und bat Hitler um eine Schätzung des Betrags. Das schien ihn zu verblüffen. Er läutete. Ein geflüstertes Gespräch mit dem Kellner. Hitler spielt nervös mit seinem Notizbuch und scheint in Gedanken versunken zu sein. Ein großer, schlanker Mann um die vierzig, der in einer braunen Uniform militaristisch aussah, kam herein. Hitler bot ihm einen Platz neben sich an. Ich wurde ihm nicht vorgestellt. Ohne jede Vorrede fragte Hitler ihn, wie viel nötig sei, um die Bewegung in ganz Deutschland intensiv zu verbreiten.

„Wir müssen den Norden und die Rheinlande berücksichtigen. Wir dürfen nicht vergessen, dass wir viel erreichen können, wenn wir den Arbeitslosen helfen, die noch in den Gewerkschaften sind, und wir dürfen nicht vergessen, wie viel wir brauchen, um unsere Pläne für die Sturmabteilungen vollständig zu erfüllen. Rüstungsgüter kosten sehr viel, und Schmuggler verlangen hohe Preise." Von Heydt nahm einen langen Bleistift vom Tisch und begann auf der Rückseite eines Biertellers zu rechnen. Hitler stützte sich mit einem Arm auf seinem Stuhl ab und verfolgte seine Berechnungen. Dann nahm er von

Heydt den Teller ab und bedankte sich in einem Tonfall, der deutlich signalisierte, dass er uns in Ruhe lassen sollte. „Bitte bedenken Sie, dass es für uns nicht einfach ist, unter unseren Umständen eine Berechnung anzustellen. Erstens möchte ich wissen, wie weit Ihre Geldgeber zu gehen bereit sind, und zweitens, ob sie uns weiterhin unterstützen werden, wenn der erste Betrag ausgegeben ist. Von Heydt hat hier eine Berechnung angestellt, der ich grundsätzlich zustimme, aber ich möchte zunächst einmal wissen, was Sie von diesen beiden Punkten halten; ein weiteres Problem ist, dass wir unsere Schätzung auf bestehende Pläne gestützt haben, während es noch viele andere Pläne gibt, die in Betracht gezogen werden, sobald die ersten abgeschlossen sind. Ich denke dabei insbesondere an die Ausbildung und Schulung unserer Abteilungen im Gebrauch von Segelflugzeugen, sowie an Uniformen für die Arbeitslosen - das Uniformverbot ist unschädlich - und an noch andere Pläne."

Natürlich konnte ich ihm nicht antworten, und ich machte noch einmal deutlich, dass dieses erste Treffen in erster Linie der Kontaktaufnahme diente. Seine Fragen nach der Höhe der finanziellen Hilfe würden davon abhängen, ob meine Geldgeber tatsächlich die finanzielle Hilfe aufbringen würden, erst dann könne man eine Obergrenze festlegen. Das schien Hitler nicht zu gefallen, oder er fand es zu kompliziert, denn er fragte mich erneut besorgt, ob ich persönlich eine Vorstellung von der Höhe des Betrages hätte, den er bekommen würde. Auch diese

Frage konnte ich nicht beantworten. Ich erwartete, dass er nun fragen würde, warum die Amerikaner dieses Angebot der finanziellen Unterstützung machten, aber er fragte etwas ganz anderes. „Wann könnte ich das Geld erhalten?" Ich hatte eine Antwort auf diese Frage - ich vermutete, dass sie, sobald New York meinen telegrafischen Bericht erhalten hatte, schnell Schritte unternehmen würden, um das Geld nach Deutschland zu schicken, wenn sie sich über den Betrag einigen könnten. Er unterbrach mich erneut. „Nein, nicht nach Deutschland, das ist zu gefährlich. Ich vertraue keiner einzigen deutschen Bank. Das Geld muss bei einer ausländischen Bank deponiert werden, wo ich dann darüber verfügen kann." Er schaute noch einmal auf die Zahlen auf dem Schild und sagte streng, als ob er einen strikten Befehl erteilen würde: „Einhundert Millionen Mark."

Ich zeigte mich nicht erstaunt über seine Gier, sondern versprach ihm, New York zu telegrafieren und ihm so schnell wie möglich die Antwort meiner Geldgeber zu geben. Er wollte nichts davon hören. „Sobald Sie den Bericht aus Amerika haben, schreiben Sie an von Heydt, seine Adresse ist Lutzow-Ufer 18, Berlin. Er wird sich mit Ihnen in Verbindung setzen und Ihnen weitere Anweisungen geben." Hitler stand auf und reichte mir die Hand, ein klares Zeichen, dass ich gehen sollte.

Auf dem Rückweg zum Hotel rechnete ich aus, dass hundert Millionen Mark etwa vierundzwanzig Millionen Dollar entsprachen. Ich bezweifelte, dass

Carter & Co. bereit sein würden, so viel Geld in eine europäische politische Bewegung zu stecken. Schließlich kam ich zu dem Schluss, dass die Entscheidung bei ihnen in New York liege, und schickte eine kurze Zusammenfassung meines Gesprächs mit Hitler in Geheimschrift.

Am nächsten Abend ging ich zu einer Versammlung der nationalsozialistischen Partei am Zirkus. Am Morgen hatte ich eine Einladung dazu erhalten. Hitler würde dort selbst sprechen, gefolgt von einem gewissen Falkenhayn. Mir fiel wieder die Leere seiner Argumentation auf, wie schon während unseres Gesprächs. Niemals ein Zeichen von Logik, kurze, kraftvolle Sätze, abrupt und schrill, politische Taktik der Demagogie, ständige Hetze. Ich hatte Mitleid mit den Journalisten, die dort waren, um Berichte für ihre Zeitungen zu schreiben. Mir schien, dass man über eine solche Rede nicht berichten konnte. Hitler sprach weder über die Bewegung, noch über die Plattform, noch über Reformen, die er und seine Anhänger durchführen wollten. Er griff jede Regierung seit 1918 an, die großen Banken, die Kommunisten, die Sozialdemokraten, die Juden, die großen Kaufhäuser. Seine Rede war voll von Worten wie Verräter, Diebe, Mörder, skrupellose Männer, Unterdrücker des Volkes, diejenigen, die den deutschen Geist besudeln, usw. Er nannte keine Fakten. Er war immer vage und allgemein, aber ... es hat funktioniert. Später erfuhr ich, dass nach diesem Abend etwa 130 Personen zu Nationalsozialisten geworden waren. Ich hatte den Eindruck, dass Falkenhayns Rede dazu diente, die

Zuhörer nach Hitlers Hetzreden zu beruhigen. Trocken und fast unverständlich wollte Falkenhayn beweisen, dass Sowjetrussland eine Gefahr für die Welt sei, dass von einem Zusammenschluss aller Sozialisten keine Rede sein könne und dass die Hitler-Bewegung die erste Partei sei, die den wahren Sozialismus zustande bringe. Sein Erfolg war mäßig.

Ich habe erst am dritten Tag von Carter gehört. Eine kurze Antwort, ebenfalls in einem Geheimcode. Zehn Millionen Dollar wurden zur Verfügung gestellt. Ich brauchte nur zu telegrafieren, an welche Bank in Europa ich das Geld in meinem Namen überwiesen haben wollte. Carter & Co. waren offensichtlich der gleichen Meinung wie ich, dass vierundzwanzig Millionen Dollar zu viel Geld waren, um es in den Wind zu schießen. Ich schrieb sofort an von Heydt und erhielt am nächsten Tag einen Telefonanruf von ihm in Berlin. Er arrangierte ein Treffen in meinem Hotel.

Am selben Abend kam von Heydt in Begleitung eines unscheinbaren Mannes, der mir unter dem Namen Frey vorgestellt wurde, nach München. Ich empfing die Männer in meinem Zimmer und teilte ihnen mit, dass New York bereit sei, in meinem Namen zehn Millionen Dollar an eine europäische Bank zu überweisen. Ich würde dann über das Geld nach Hitlers Wünschen verfügen. Die Auszahlung und Überweisung des Geldes müsse sorgfältig geregelt werden. Beide bestätigten dies, ohne ein

Zeichen der Überraschung zu zeigen, und fügten hinzu, dass sie nichts regeln könnten, ohne mit dem „Führer" gesprochen zu haben, ich verstand nicht sofort, wen sie meinten, aber als ich ein paar Mal den Namen Hitler sagte, korrigierte mich der kleine Frey ziemlich scharf und sagte jedes Mal: „Sie meinen den 'Führer'. Später bemerkte ich oft, dass in den Kreisen der Nationalsozialisten der Name Hitler nie ausgesprochen wurde; man nannte ihn immer den „Führer". Für mich machte das keinen Unterschied. Der „Führer" also, wenn sie das wollten.

Ich wartete in München auf einen Bericht von von Heydt, und zwei Tage später kam ein Brief, in dem sein Besuch angekündigt wurde. Er und Frey meldeten sich erneut in meinem Hotel. Folgende Bedingungen wurden mir gestellt: Ich sollte New York telegraphieren und sie bitten, mir zehn Millionen Dollar bei der Bank Mendelsohn & Co. in Amsterdam zur Verfügung zu stellen. Ich sollte mich selbst nach Amsterdam begeben und diesen Bankier bitten, zehn Schecks über je eine Million im Gegenwert von einer Mark auf zehn deutsche Städte auszustellen. Ich würde dann die Schecks indossieren und sie auf zehn verschiedene Namen überschreiben, die von Heydt, der mit mir nach Amsterdam reisen würde, dort für mich bereitstellen würde. Von Holland aus könnte ich dann nach Amerika zurückkehren. Ich hatte das Gefühl, dass sie mir eine solche Vorgehensweise diktierten, weil sie wollten, dass ich so schnell wie möglich aus Deutschland verschwinde. Ich erhob keinen

Einspruch gegen diese Bedingungen, und alles lief so, wie von Heydt es vereinbart hatte.

In Amsterdam bin ich zwei ungewöhnlichen Ereignissen begegnet. In den Büros von Mendelsohn & Co. wurde ich mit ungewöhnlicher Höflichkeit empfangen, nachdem ich um einen Termin mit dem Direktor gebeten hatte, und von Heydt, der neben mir am Schalter stand, wurde von den niederen und höheren Beamten behandelt, als wäre er der beste Kunde der Bank. Als das Geschäft abgewickelt war und er die zehn Schecks in seiner Aktentasche hatte, bat er mich, mit ihm zum deutschen Konsulat zu kommen. Auch dort wurden wir mit einer Ehrerbietung und einem Gehorsam empfangen, die von Heydts starken Einfluss bewiesen. Von Southampton aus fuhr ich mit der Olympia zurück nach New York. Ich ging zu den Büros von Guaranty Trust, um Carter sofort einen Bericht zu geben. Er fragte mich, ob ich warten und in zwei Tagen zurückkommen würde, um meinen vollständigen Bericht in einer Plenarsitzung abzugeben. Es waren dieselben Männer anwesend wie im Juli, aber diesmal saß neben Glean von Royal Dutch ein englischer Vertreter, ein Mann namens Angell, einer der Leiter der Asiatic Petroleum Co.

Carter war der Meinung, dass Hitler der Mann war, der Risiken eingehen konnte. Sie alle hielten vierundzwanzig Millionen Dollar für beträchtlich, aber ich hatte den Eindruck, dass sie Hitlers Entschlossenheit und Gewissheit wegen der Höhe des Betrags vertrauten. Rockefeller zeigte ungewöhnliches Interesse an Hitlers Äußerungen über die Kommunisten, und als ich ein paar Zeilen aus der Rede zitierte, die ich in München gehört hatte, sagte er, er sei nicht überrascht, dass Hitler vierundzwanzig Millionen Dollar verlangt habe. Ich wurde gefragt, ob ich erfahren habe, wie Hitler die Nationalsozialisten bewaffnen wollte und ob er es vorzog, auf parlamentarischem Weg oder auf der Straße zu arbeiten. Ich konnte nur vage antworten, aber meine persönliche Meinung war, dass Hitler im Vertrauen auf seine eigene Führung alles nehmen würde, was er kann, und dass er es als seine Lebensaufgabe ansah, entweder zu gewinnen oder völlig zu versagen. Carter fragte mich weiter nach Hitlers Haltung gegenüber der Monarchie, ob Hitler sich letztendlich dafür einsetzen würde, den Kaiser wieder auf den Thron zu setzen. Ich antwortete, indem ich Hitler zitierte.

Ich weiß nicht, ob in den Jahren 1929 und 1930 weitere Geldsummen aus Amerika an Hitler überwiesen wurden; wenn ja, dann war ein anderer Mittelsmann eingeschaltet worden.

Es ist eine Tatsache, dass die Hearst-Zeitungen einige Wochen nach meiner Rückkehr aus Europa ein ungewöhnliches Interesse an der neuen deutschen Partei zeigten. Selbst die New York Times, die Chicago Tribune, die Sunday Times usw. brachten regelmäßig kurze Berichte über Hitlers Reden. Zuvor hatte man sich kaum für die deutsche Innenpolitik interessiert, aber nun wurde das

Programm der Hitler-Bewegung oft in langen Artikeln mit Erstaunen diskutiert. Im Dezember 1929 erschien in einer Monatsschrift der Harvard University eine ausführliche Studie über die deutsche nationalsozialistische Bewegung, in der Hitler als Retter Deutschlands verherrlicht und erstmals als „aufstrebender Name in Europa" bezeichnet wurde.

1931

Ich habe geschworen, mich nicht mehr zu den internationalen Finanzbeziehungen zu äußern. Dieser Schwur war zu voreilig. Ich muss noch einige Ereignisse anführen, die sich an den Börsen von London und New York abgespielt haben, um ein klareres Bild von dem zu vermitteln, was folgt. Es ist nicht romantisch, lieber Leser, aber beschweren Sie sich bei denen, die Geschichte machen, nicht bei mir.

Im September 1931 gab die Bank of England den Goldstandard auf. Dies bedeutet viel für ein Land, dessen Finanzwelt Gold als Grundlage seiner Wirtschaft betrachtet und folglich die Goldtheorie praktiziert. Seit den Tagen des großen Kent hat England mit einer kurzen Unterbrechung (1915-1921) Gold als Kriterium für sein Finanzsystem verwendet. Diese Änderung des Prinzips und der Praxis in England hatte große Auswirkungen in Amerika. Der Wert der enormen Goldeinlagen in den Federal Reserve Banks wurde erheblich reduziert. Aber das war nicht das schlimmste Ergebnis, das auf dem New Yorker Aktienmarkt zu spüren war. Amerika hatte viel mehr Angst, den Dollar zu gefährden. Man befürchtete, dass der Dollar den gleichen Weg einschlagen würde wie das

Pfund Sterling. Die amerikanische Finanzwelt wusste, dass der Verfall des Pfund Sterling das Ergebnis einer französischen Taktik war, die darauf abzielte, London finanziell zu schwächen, um weitere Hilfen für Deutschland zu verhindern. Die Lage New Yorks im Jahre 1931 unterschied sich nicht wesentlich von derjenigen Londons in den Jahren 1929 und 1930, weshalb Amerika befürchtete, im Falle einer Zusammenarbeit Londons mit Frankreich durch dieselbe französische Taktik schutzlos gestellt zu werden. Die französischen Finanziers haben seit 1926 bewiesen, dass sie geschickte Manipulatoren sind. Poincare ist das größte Finanzgenie der heutigen Zeit. Zuvor hatten amerikanische und englische Finanziers und Experten mit selbstbewusster Verachtung auf ihre französischen Kollegen herabgesehen. Die Jahre 1926 und 1931 und die Zeit dazwischen haben uns gelehrt, dass wir von der französischen Finanzwelt eine Menge lernen können. Vielleicht werde ich den zweifelnden Lesern später einige Beweise liefern. Dies gehört jedoch nicht in den Bezugsrahmen dieses Buches. New York war angespannt.

Diese Spannung hatte sich in ein Unbehagen verwandelt - dasselbe war einige Jahre zuvor in London geschehen - enorme Goldtransporte wurden von New York nach Europa getätigt, und es schien, als ob diese Transporte größtenteils für Frankreich bestimmt waren. Das ist nicht ganz sicher. Anfangs waren wir froh über diese Goldtransporte, denn wir hatten längst aufgegeben, an die Finanzlegende zu glauben, dass große Goldvorräte den tatsächlichen

Wohlstand eines Landes bedeuten. Aber die Franzosen glaubten das immer noch. Als Ende September 1931 und Anfang Oktober 1931 innerhalb von drei Wochen zwischen 650 und 700 Millionen Dollar in Gold nach Europa verschifft wurden, wurden wir ziemlich unruhig. Es handelt sich dabei um so genannte particuliers, um Teillieferungen. Die Golddepots der französischen Regierung befanden sich noch in den Federal Reserve Banks. Sie wurden Ende Oktober auf 800 Millionen Dollar geschätzt. Wenn dieser Betrag angefordert wurde, was dann? Natürlich waren wir bereit, sie zu zahlen, aber das hätte in den USA eine Panik ausgelöst, und die Flucht aus dem Dollar wäre Tatsache geworden. Frankreich hatte also den Schlüssel zur Dollarsituation in der Hand.

Gehen wir ein paar Wochen zurück. Damals hatte Hoover einem Redakteur der Chicago Tribunes ein Interview gewährt. Unbewusst spielten Hoover und der Redakteur Frankreich in die Hände. Nur sehr wenige Staatsoberhäupter verfügen über einen internationalen Finanzüberblick. Wissen Sie, dass ein Rockefeller, ein Wanamaker, ein Harding, der Sohn des verstorbenen Präsidenten, und ich will ruhig sagen, sogar Hoover, auf diesem Gebiet kindisch unbeholfen und naiv sind? Ich kenne auch Staatsmänner in europäischen Ländern, die ebenso wenig über internationale Finanzen und Wirtschaft wissen. Das ist keine spezifisch amerikanische Erscheinung.

Gehen wir noch weiter. Hoover teilte dem

Redakteur seine Absicht mit, sehr bald radikale Vorschläge zu den Reparationen an Deutschland und zur Regelung der Kriegsschulden zwischen allen Staaten zu machen. Aus den Informationen des Herausgebers konnte man ersehen, dass Hoover die Aufhebung der Reparationszahlungen vorschlagen könnte. Die meisten Menschen in Amerika waren über diesen Vorschlag verblüfft. Aber Frankreich war auf dem Weg der Besserung. Ich weiß nicht, ob Hoover im Oktober 1931 Laval aus eigenem Antrieb nach Washington bat oder ob Laval sich selbst einlud. In Finanzkreisen an der Wall Street glaubte man an Letzteres. Laval kam also nach Washington, aber unerwartet kamen zwei französische Finanziers nach New York und landeten am 15. Oktober, demselben Tag, an dem Laval eintraf. Bei den französischen Finanziers handelte es sich um Farnier, Gouverneur und Delegierter der Bank von Frankreich, und Lacour-Gayet, ehemaliger Finanzattaché der französischen Botschaft in Washington. Sie setzten sich sofort mit den Leitern der Federal Reserve Banks in Verbindung, die daraufhin zwei Vertreter des Finanzministeriums einschalteten. Es kursierten viele Gerüchte darüber, was bei diesem Treffen besprochen wurde. Ich weiß von Carter, was allgemein zur Sprache kam. Viele Details wollte er nicht preisgeben. Daraus habe ich entnommen, dass die Verhandlungen nicht immer freundlich verliefen. Die Franzosen waren nach New York gekommen, um gemeinsam mit den Federal Reserve Banks zu entscheiden, was in New York getan werden könnte. Sie gingen davon aus, dass die französische Regierung durch den Verfall des Pfund Sterling und die Abkehr Londons vom Goldstandard mehrere Millionen verloren hatte. Die Schwäche des Dollars hatte in Paris zu Unruhen geführt, und man wollte sicher sein, dass man nicht weitere Verluste durch den Dollar erleiden würde. Sie wollten wissen, was zur Stützung des Dollars unternommen wurde. Natürlich wurden die enormen Goldlieferungen nach Europa erwähnt, ebenso wie die riesigen französischen Einlagen bei den Federal Reserve Banks. Die Franzosen waren bereit, den Federal Reserve Banks die Summe von 200 Millionen Dollar zu überweisen, eine Summe, die nach französischen Berechnungen immer noch bei privaten amerikanischen Banken deponiert war, und so ihre Position zu stärken. Die Franzosen stellten jedoch Bedingungen:

1. Die Federal Reserve Banks müssen einen Mindestwechselkurs für den Dollar garantieren, der für französische Konten in den USA gilt;
2. Der Zinssatz für diese Beträge sollte auf 4,5 % angehoben werden;
3. Es sollte ein Mindestbetrag festgelegt werden, den Frankreich in den Staaten belassen würde.

Da die Amerikaner nicht sofort bereit waren, diesen Bedingungen zuzustimmen, erklärten die Franzosen nonchalant, dass die Vereinbarung, die sie, Lacour-Gayet und Farnier, mit den Federal Reserve Banks treffen würden, zwar von großer Bedeutung sei, aber nur Teil einer allgemeinen

Vereinbarung sei, die Laval einige Tage später in Washington abschließen würde. Sie hatten die Katze aus dem Sack gelassen. Es war klar, dass Laval Hoover von seinen Plänen für Reparationszahlungen und Schuldenregulierung abbringen musste, und dass Laval die bei der S.A. deponierten Staatsgelder nutzen musste, um den Präsidenten zur Aufgabe seiner Pläne zu zwingen. Niemand kann sagen, was das Ergebnis dieser Verhandlungen in New York und Washington war. Die New Yorker Bankenwelt sträubte sich hartnäckig gegen den Gedanken, dass sich die Staaten für die Summe von 800 Millionen Dollar - die französischen Gelder in Amerika - an französische Interessen auf internationalem Gebiet verkaufen sollten. Tatsache ist jedoch, dass Hoover Laval versprach, in der Frage des Wiederaufbaus und der Schuldenregulierung nichts zu unternehmen, ohne vorher die französische Regierung zu konsultieren. Als die Wall Street dies herausfand, verlor Hoover mit einem Schlag den Respekt dieser Kreise. Sogar die darauf folgenden Wahlen waren davon betroffen - viele glauben, dass Hoovers Nichtwiederwahl auf dieses Thema zurückzuführen ist. Man vergisst, dass Hoover sich in einer schwierigen Situation befand. Auf der einen Seite stand die amerikanische Bankenwelt mit den Federal Reserve Banks an der Spitze, die die Meinung vertraten, dass Am Erica ohne weiteres auf das französische Depositum verzichten könne, wenn es von Frankreich dazu missbraucht würde, auf dem Gebiet der internationalen Politik moralischen Einfluss auf die US-Regierung auszuüben. Auf der anderen Seite stand das Finanzministerium, dessen Leiter alles tun würden, um eine Dollar-Panik zu vermeiden, und dabei auf den englischen Präzedenzfall verwiesen.

Im Oktober 1931 war die Lage an der Wall Street angespannt und die Atmosphäre war bedrohlich. Am Ende des Monats erhielt ich den folgenden Brief von Hitler aus Berlin:

Unsere Bewegung wächst schnell in ganz Deutschland und stellt große Anforderungen an unsere finanzielle Organisation. Ich habe das Geld, das Sie mir verschafft haben, für den Aufbau der Partei verwendet und sehe jetzt ein, dass ich in absehbarer Zeit das Land verlassen muss, wenn nicht neue Einnahmen kommen. Ich habe keinen Zugang zu riesigen staatlichen Finanzquellen, wie unsere Feinde, die Kommunisten und die Sozialdemokraten, sondern bin völlig auf die Beiträge der Eltern angewiesen. Von dem Betrag, den ich erhalten habe, ist nichts mehr übrig. Nächsten Monat muss ich die letzte große Aktion beginnen, die uns die Macht in Deutschland bringen wird.

Es wird sehr viel Geld benötigt. Ich bitte Sie, mir sofort mitzuteilen, mit wie viel ich bei Ihnen rechnen kann.

Zwei Dinge sind mir an diesem Brief aufgefallen. Es war das erste Mal, dass Hitler mir gegenüber das Wort Partei benutzte. Sein Ton in dem Brief war mehr der eines Befehls als der eines Bittstellers.

Obwohl der Brief aus Berlin datiert war, kam er in einem in New York abgestempelten Umschlag mit einer amerikanischen Briefmarke an. Hitler muss also bereits Unterstützer in den USA, insbesondere in New York, gehabt haben.

Am nächsten Tag war ich bei Carter und übergab ihm den Brief. Carter war der Anführer der Opposition gegen das „Altweiberverhalten" der Regierung, wie er es nannte, in Bezug auf die französischen Forderungen. Der Bericht über Hoovers Kehrtwende hatte ihn so verärgert, dass er seiner Wut über Frankreich bei jedem, der zuhörte, Luft machte. Carter war ein hitzköpfiger Mann. Er las Hitlers Brief und fing an zu lachen, dann fluchte er und nannte sich einen Idioten. Er sagte zu mir: „Wir sind solche Idioten. Seit 1929 haben wir nicht mehr an 'diesen Mann' Hitler gedacht. Die ganze Zeit hatten wir die Mittel in der Hand, um Frankreich zu stürzen, und wir haben sie nicht genutzt. Warten Sie nur, wir werden heute Nachmittag hier eine Sitzung abhalten, und ich werde versuchen, Montagu Norman von der Bank of England zu erreichen, der hier in New York ist. Wenn er kommt, dann können wir unsere Trümpfe ausspielen. Sie müssen natürlich auch kommen."

Die Sitzung in den Büros der Guaranty Trust Co. war gut besucht. Ich kann mir das nur damit erklären, dass die angespannte Lage auf dem New Yorker Aktienmarkt die Anwesenheit der führenden Politiker erforderte, und Carter hatte sie alle leicht erreicht. Die Meinungen waren geteilt. Rockefeller,

Carter und McBean waren die Hitlerianer, wenn ich sie so nennen darf, und die anderen schwankten. Zunächst musste Montagu Norman über die Ereignisse des Jahres 1929 informiert werden. Er fand die Summe von zehn Millionen Dollar zur Finanzierung einer politischen Bewegung sehr hoch, eine Meinung, die von den anderen nicht verstanden wurde, da es allgemein bekannt war, dass politische Parteien in England riesige Summen für Propaganda ausgeben. Glean von Royal Dutch teilte die Ansicht von Montagu Norman. Er fügte hinzu, dass in den Veröffentlichungen der Hitler-Bewegung wenig Aggression gegen Frankreich zu finden sei. Er war der Meinung, dass Hitler ein Großmaul sei und niemals handeln würde. Er bemerkte auch, dass Hitler seine „Bewegung" offensichtlich in eine „Partei" umgewandelt hatte, eine Umwandlung, die seinen parlamentarischen Bemühungen große Bedeutung beimessen würde. Glean schloss seinen Kommentar mit der Bemerkung, es sei genug geredet worden, in Deutschland mehr als anderswo, und ein Mann wie Hitler würde mit der Mehrheit seiner Anhänger im Reichstag mitspielen, ohne etwas an den bestehenden Verhältnissen zu ändern. Carter und Rockefeller argumentierten dagegen, dass Hitler, selbst wenn er eine Mehrheit im Parlament erreiche, nicht von der Plattform, die ihn an das deutsche Volk binde, abgebracht werden könne, und dass er verpflichtet sei, das zu tun, was er geschrieben und gesagt habe, als einzige Methode, das Land aus schwierigen Zeiten herauszuführen. Er müsse mit seinen Anhängern auf die Straße gehen und gleichzeitig die parlamentarischen Bemühungen aufrechterhalten, wenn er seine große Unterstützung nicht verlieren wolle. Schließlich einigte man sich darauf, dass Hitler grundsätzlich weiter unterstützt werden sollte, doch sollte jemand direkt über die Lage in Deutschland und in der Hitler-Partei informiert werden, bevor der Betrag festgelegt wurde.

Ich wurde gefragt, ob ich bereit sei, diesen Auftrag zu übernehmen und den Betrag wie bisher an Carter zu telegrafieren und ihn dann auf dieselbe Weise wie 1929 nach Europa zu überweisen, oder wie ich es für richtig hielt.

Ich war nicht in der Lage, mich sofort von meinen eigenen Angelegenheiten zu befreien, also reiste ich nach zehn Tagen nach Europa.

Seit 1929 hatte sich in Deutschland viel verändert. Die nationalsozialistische Bewegung, deren „Führer" mich 1929 in einem Bierkeller empfangen hatte, war in den oberen Schichten der Gesellschaft angekommen und hatte ihr Hauptquartier in derselben Stadt, in einem der schönsten Gebäude im besten Teil der Stadt. Die Nationalsozialisten hatten überall ihre eigenen Häuser, in den Städten Berlin, Hamburg, Frankfurt, Düsseldorf, Köln, vor jedem standen immer zwei uniformierte Wächter, Tag und Nacht wie vor einer Kaserne.

Ich sah zahlreiche Passanten, die den Wachleuten

mit einer Armbewegung ähnlich dem faschistischen Gruß grüßten und gleichzeitig „Heil Hitler" riefen. Man brauchte nicht lange zu studieren, um zu erkennen, dass Hitlers Anhängerschaft seit 1929 enorm gewachsen war. Ich konnte meine Reise durch Deutschland abkürzen, denn ich sah überall das gleiche Bild. An Samstagnachmittagen und Sonntagen zog die Mehrheit der jungen Leute in den meisten Städten ihre Uniformen an und marschierte in Formationen, die sich kaum von militärischen Gruppen unterschieden. Es gab zwar Unterschiede zwischen den Uniformen, aber die meisten waren braun und schwarz. Überall waren Hakenkreuze zu sehen, das Emblem der Hitlerpartei. Sogar Frauen hatten Hakenkreuze an den Rändern ihrer Handtaschen - die Verkäuferin in dem Zigarrenladen in Berlin, in dem ich regelmäßig einkaufte, trug ein riesiges Hakenkreuz an einer dünnen Halskette. Das war keine alberne Dekoration, die Absicht, Überzeugung zu zeigen, war offensichtlich. Ich hatte ein Gespräch mit einem Bankdirektor in Hamburg, den ich früher gut kannte. Er war von Hitler ziemlich angetan und gestand, dass er früher der deutschnationalen Partei mehr Vertrauen geschenkt hatte, aber jetzt zweifelte er an ihrem Erfolg, weil Monarchisten sie beherrschten und das deutsche Volk den Verrat der kaiserlichen Familie von 1918 nicht vergessen hatte. Es fiel mir schwer, seine Meinung ernst zu nehmen, denn er war ein Jude. Ich brauchte eine Erklärung und fragte ihn, wie es möglich sei, dass er als Jude mit Hitlers Partei sympathisiere. Er lachte. „Hitler ist ein starker Mann, und das ist es, was Deutschland braucht. Die Kompromisse und Schwankungen müssen endlich ein Ende haben. Das deutsche Volk ist nicht reif genug für die Demokratie. Als der Kaiser das Land schlecht regierte und er allein für die Verwaltung zuständig war, hat kein einziger widersprochen, jeder hat seine Aufgaben erfüllt, seine Pflicht verstanden. Die Deutschen sind ganz anders als die Engländer und Amerikaner. Sie müssen jemanden haben, zu dem sie aufschauen können, dann tun sie alles, was befohlen wird, nur weil der starke Mann die Befehle gibt. Für einen Ebert haben sie im Grunde immer nur Verachtung übrig gehabt, auch die Sozialdemokraten, und was Hindenburg betrifft, so respektieren sie ihn, bedauern aber, dass er nicht als Regent im eigentlichen Sinne des Wortes fungieren kann. Seit 1918 hatten wir Kanzler, die Bürgerliche waren, die durch die Politik ganz nach oben gekommen waren. Keiner hat sie respektiert. Ein Fürst reinen Blutes in Opposition zum Kaiser wäre ein guter Kanzler gewesen." Ich bemerkte, dass auch Hitler aus niedrigen Verhältnissen stammte.

„Natürlich, aber das ist eine andere Geschichte. Hitler hat sich hochgearbeitet und ist nicht in eine politische Partei gekrochen, um seine Ziele zu erreichen, sondern hat seine eigene Partei aus dem Nichts geschaffen. Sie werden sehen, dass Hitler auf dem Vormarsch ist. Es wird nur noch ein Jahr dauern, dann wird er der Mann sein. Er begann in den Schützengräben und wird als Diktator enden." Ich stellte erneut die Frage, wie mein Informant als Jude Mitglied der Hitler-Partei sein konnte. Er wischte die Frage mit einer Handbewegung beiseite. „Mit Juden meint Hitler die galizischen Juden, die Deutschland nach dem Krieg verunreinigt haben. Er erkennt Juden rein deutscher Herkunft als gleichberechtigt mit anderen Deutschen an, und wenn die Zeit gekommen ist, wird er uns in keiner Weise stören. Man darf auch nicht vergessen, dass Juden sowohl die Sozialdemokratische Partei als auch die Kommunistische Partei kontrollieren. Er wird sie für sich gewinnen müssen, nicht weil sie Juden sind, sondern weil sie Kommunisten oder Sozialdemokraten sind." Ich warf wieder ein, dass Hitler immer noch gegen jüdisches Bankkapital war, ich kann sogar sagen, gegen das Bankwesen im Allgemeinen. Mein Informant hielt mich für sehr naiv. Er fügte hinzu, dass Hitlers Programm nicht in jedem Punkt erfüllt werden könne, und Hitler wisse das sehr wohl. „Er muss unerfüllbare Forderungen stellen, um die Massen für sich zu gewinnen, und das ist sicherlich das Geringste, was uns Sorgen machen sollte. Wenn Hitler an die Macht kommt, wird er nicht mehr so vorsichtig mit den Massen sein müssen; dann wird er stark genug sein, um durchzusetzen, was er will."

Zwei Tage später sprach ich mit einem Industriemagnaten. Auch er war ein Anhänger des Nationalsozialismus. Ich las auch alle Zeitungen und versuchte, eine kohärente Zusammenfassung der politischen Strömungen in der deutschen Presse zu erstellen; ich kam zu dem Schluss, dass die nationalsozialistische Partei die größte Aktivität zeigte, ihre Wurzeln in allen Schichten der Bevölkerung geschlagen hatte und dass die

Opposition von Kommunisten, Sozialdemokraten und anderen Parteien lauwarm und definitiv unkoordiniert war.

Ich war mehr und mehr davon überzeugt, dass Hitler keine Experimente machte, sondern ein klar definiertes und von der Mehrheit des deutschen Volkes getragenes Ziel erreichen wollte. Es war nun an der Zeit, mit Hitler Kontakt aufzunehmen, und ich schrieb an die Berliner Adresse, die ich von ihm erhalten hatte, und nahm mir ein Zimmer im Hotel Adlon. Am nächsten Tag wurde ich zum Telefon gerufen, während ich in der Hotellobby Zeitung las. Eine Stimme, sehr wahrscheinlich eine Frauenstimme, fragte mich, ob ich abends im Hotel sei, und verwies auf einen Brief, den ich an den „Führer" gerichtet hatte.

Ich empfing von Heydt und einen Neuankömmling in meinem Zimmer. Er wurde mir als Luetgebrunn vorgestellt. Nach einer kurzen Erklärung von Heydt begann Lütgebrunn zu sprechen. Es war, als würde er eine vorbereitete Rede halten, von Zeit zu Zeit blickte er auf ein Bündel von Notizen.

„Unsere Aktivitäten mit den Arbeitslosen sind wider Erwarten erfolgreich, aber sie kosten viel Geld. Unsere Organisation ist militärisch und daher auch nicht billig. Unsere Häuser in verschiedenen Städten sind alle wie Kasernen eingerichtet, unsere Leute schlafen dort, kochen dort, alles auf Kosten der Partei. Wir stellen Uniformen zur Verfügung, wer das Geld hat, kauft sie, aber die Arbeitslosen sollen nicht durch die Kosten der Ausrüstung vertrieben werden. Deshalb sind wir verpflichtet, unseren arbeitslosen Mitgliedern Uniformen und andere Ausrüstungsgegenstände kostenlos zur Verfügung zu stellen. Einige unserer Transportfahrzeuge gehören Parteimitgliedern, aber wir mussten unsere eigenen Lastwagen und andere Transportmittel in den Gebieten bereitstellen, in denen wir nicht viel Anhänger haben. Es gibt Parteimitglieder, die uns ihre Lastwagen nicht leihen können, weil sie Angst haben, Kunden zu verlieren. Dann müssen wir auch an Waffen denken. Wir müssen unsere Waffen von Schmugglern kaufen, und die Preise sind hoch. Wir haben unsere Ankaufsposten an den Grenzen zu Österreich, Holland und Belgien, aber oft werden die Waffen von den Behörden beschlagnahmt, Tausende gehen verloren und wir müssen wieder von vorne anfangen. Wir haben keinen direkten Kontakt zu Waffenfabriken; die einzige, mit der wir Kontakt haben, ist die F. N. Fabrik in Belgien, aber die Menge, die uns garantiert wurde, ist zu gering. Unsere Sturmabteilungen sind unzureichend ausgerüstet. Wir können keine Maschinengewehre kaufen. Revolver und Karabiner reichen auf den Straßen nicht aus, Ströme von Arbeitslosen strömen in die Städte und jeder neue Mann kostet Geld."

Lütgebrunn sprach noch eine ganze Weile in diesem Sinne weiter. Dann war von Heydt an der Reihe, und er teilte mir mit, dass der „Führer" mich am nächsten Tag um elf Uhr morgens in seinem

Haus in der Fasanenstraße 28 empfangen würde. Ich müsse dem Hausmädchen nur meinen Namen nennen. Die Fasanenstraße 28 ist ein ganz normales Einfamilienhaus. Von außen konnte ich nicht erkennen, dass der „Führer" hier wohnte, keine braunen Uniformen oder andere Zeichen. Ein ganz normaler Besuch bei einem ganz normalen Bürger. Hitler war in den zwei Jahren, in denen ich ihn nicht gesehen hatte, gealtert. Doch ich fand ihn weniger nervös, würdevoller, sorgfältiger gekleidet, ich könnte sagen, er war selbstbewusster. Er schien sich zu freuen, mich wiederzusehen, denn er erkundigte sich mit Interesse nach allen möglichen Einzelheiten über mich. Dann begann er, wie es seine Gewohnheit war, ohne Einleitung mit dem Hauptthema.

„Ich habe nicht viel Zeit. Lütgebrunn hat Sie bereits über alles informiert. Was hat Amerika gesagt? Geben Sie uns noch ein Jahr, dann haben wir die Macht in unseren Händen. Lesen Sie die Reichstagsberichte? Was halten Sie von unserem Auftritt? Wenn einer unserer Abgeordneten aufsteht, hören alle zu, und die roten Horden zittern und beben. Wir kriegen diese Grünschnäbel schon. Sie haben das deutsche Volk verraten und verkauft, und wir werden sie dafür bestrafen. Wir haben einen Mobilisierungsplan ausgearbeitet, der reibungslos ablaufen wird wie ein Uhrwerk. Einer meiner besten Partner ist Göring. Ich habe ihn mit dieser Aufgabe betraut. Unsere Truppen können in zwei Stunden im ganzen Land mobilisiert werden, um auf die Straße zu gehen. Zuerst kommen die Sturmabteilungen, deren Aufgabe es ist, die Gebäude zu besetzen, die politischen Führer und die Mitglieder der Regierung, die nicht mit uns zusammenarbeiten, gefangen zu nehmen. Dann kommen unsere anderen Leute, die die Gebäude ständig besetzen werden, und unsere Organisation ist komplett. Wenn Blut fließen muss, dann wird es fließen. Die Revolution wird nicht mit einem Taschentuch gemacht; ob das Taschentuch rot oder weiß ist, hat damit nichts zu tun. Verrätern kann man nur mit Gewalt beibringen, wie man sich zu verhalten hat."

Ich wollte hier fragen, wie die Außenpolitik aussehen würde. Hitler stand auf und schritt mit großen Schritten durch den Raum. „Das Ausland wird in zwei Lager eingeteilt werden. Unsere Feinde und unsere Konkurrenten. Unsere Feinde sind vor allem Frankreich, Polen und Russland, unsere Konkurrenten sind England, Amerika, Spanien, Skandinavien und Holland. Wir haben mit keinem der anderen Länder eine Rechnung offen. Die Bevölkerung von Elsass-Lothringen muss zur Revolution gebracht werden, ebenso wie Schlesien. Das ist unsere erste Aufgabe, sobald wir die Macht erlangen können. Wenn Frankreich den Krieg will, dann wird es den Krieg geben. Wir erkennen den Vertrag von Versailles nicht an. Ich will Deutschland und das deutsche Volk frei sehen. Wenn man uns nicht erlaubt, uns zu bewaffnen, dann werden wir es heimlich tun. Alle deutschen Regierungen haben Frankreich alle ihre Karten gezeigt. Wir werden das nicht tun. Unsere Divisionen sind keine Regimenter, unsere Waffen sind kein Kriegsmaterial. In zwei Jahren werde ich eine deutsche Armee aufbauen, die stark genug ist, Frankreich zu umzingeln. Ich werde die chemische Industrie für Kriegszwecke anpassen lassen. Bei unseren Konkurrenten ist die Situation noch einfacher. Sie können ohne Deutschland nicht leben und arbeiten. Ich werde Forderungen stellen. Überall dort, wo deutsche Produkte durch hohe Einfuhrzölle zurückgedrängt werden, muss die Produktion trotzdem unbegrenzt aufrechterhalten werden. Das deutsche Volk muss völlig autark sein, und wenn es mit Frankreich allein nicht geht, dann werde ich Russland einschalten. Die Sowjets dürfen unsere Industrieprodukte noch nicht vermissen. Wir werden Kredit geben, und wenn ich nicht in der Lage bin, Frankreich selbst zu deflationieren, dann werden mir die Sowjets helfen."

Ich muss hier eine kleine Bemerkung machen. Als ich in mein Hotel zurückkehre, habe ich dieses Gespräch Wort für Wort aufgeschrieben. Meine Notizen liegen vor mir, und ich bin nicht verantwortlich für ihre Inkohärenz oder Unverständlichkeit. Wenn Sie seine Ansichten zur Außenpolitik für unlogisch halten, ist das seine Schuld, nicht meine. Ich werde fortfahren.

„Stalin hat Pläne gemacht, und er wird Erfolg haben, denn er hat das russische Volk für sich gewonnen. Ich werde auch Pläne machen und mich strikt daran halten; was die Russen können, können wir doppelt so schnell, doppelt so intensiv machen. Nach einem Jahr meiner Regierung wird es in Deutschland keine Arbeitslosigkeit mehr geben. Die

Juden werden ausgeschlossen, ebenso die Kommunisten und Sozialdemokraten; die Lager, in die ich sie sperren werde, sind bereits in Planung. Die Reichswehr ist bereits bis auf den letzten Mann in unserer Hand. Die Regierung hat das noch nicht einmal bemerkt, aber ich werde sie in ihrer Blindheit lassen - ich bin mir meiner Kontrolle sicher. Göring und Gobbels, Streicher und von Heydt waren mehrmals in Rom und haben mit Mussolini, Rossi, Dumini und anderen faschistischen Führern über die gesamte Organisation dort gesprochen. Wir bauen unsere Organisation auch nach unseren eigenen Bedingungen auf. Mussolini und Stalin, der erste mehr als der zweite, sind die einzigen Führer, vor denen ich Respekt habe. Alle anderen sind ein Haufen von alten Weibern. Stalin ist ein Jude, das ist eine Schande. Hat von Heydt Ihnen gesagt, wie viel wir brauchen? Als dein Brief kam, haben wir alles genau berechnet. Haben Sie in Amerika eine Vorstellung davon, wie viele Schwierigkeiten wir hier haben? Wenn alles in den üblichen politischen Bahnen verlaufen würde, wäre es einfach, aber es gibt keine einzige Stadt in Deutschland, in der ich nicht freudig empfangen werde. Ich werde sicher eine politische Mehrheit erreichen, aber das Volk muss Angst haben, falls die NSDAP nicht davor zurückschreckt, andere Methoden anzuwenden, um meine Ziele zu erreichen, falls meine parlamentarischen politischen Schritte nicht gelingen. Angst können wir nur durch Machtdemonstration erzeugen. Das ist nur mit Uniformen und Waffen möglich. Wenn ein paar Kommunisten von einer Gruppe von Braunhemden getötet werden, hat das für die Partei den gleichen propagandistischen Wert wie eine Rede von mir. Mussolini hat eine neue Periode in der Politik eingeleitet. Er ist der erste, der die Innenpolitik mit etwas anderem als großen Worten und parlamentarischen Anträgen betreibt. Kurzum, alles, was wir brauchen, um unsere Partei dem Ausland als Macht darzustellen und das Volk zu begeistern, kostet Geld. Ich habe Ihnen damals geschrieben, weil uns die Zeit davonläuft und der Moment gekommen ist, die Situation schnell in die Hand zu nehmen. Mancherorts sind wir gezwungen gewesen, Arbeitslose abzuweisen. Das ist an dieser Stelle bedauerlich, denn mit den Arbeitslosen kann alles gemacht werden, wenn wir ihnen nur Uniformen und Essen geben können. Kennen Sie unsere Kasernen? Ich werde Ihnen eines unserer Häuser hier in Berlin zeigen. Ich brauche nichts von wohlhabenden Leuten, die um ihren Besitz fürchten, wenn es hart auf hart kommt. Wir brauchen den einfachen Arbeiter, das Proletariat, denn die haben ja nichts zu verlieren. Haben Sie auch mit Luetgebrunn gesprochen? Er ist Jurist, aber ein Intellektueller von der guten Sorte. Von Intellektuellen halte ich im allgemeinen nicht viel. Sie kommen immer mit der Wissenschaft und den historischen Lehren. Was haben sie denn mit ihrem ganzen Wissen erreicht? Nichts. Jetzt sind wir dran, jetzt sollen Faust und Schwert sprechen. Arbeit und Kampf, das muss doch das ganze Leben sein. Träume und Reden haben noch nie etwas bewirkt. Habt ihr auch Verbindungen zur Reichsbank? Dort soll es ein großes Durcheinander geben. Wenn ich einmal dort bin, werde ich mit allem aufräumen. Schacht scheint mir der Beste von allen zu sein, aber er ist ein Arzt, und das mag ich nicht. Diese Leute sind vor allem durch ihre ganzen Fälschungen unglaubwürdig geworden. Wir müssen diesem Studieren und Träumen ein Ende setzen. Die jungen Leute müssen auf dem Land arbeiten und gedrillt werden, damit sie kämpfen können, wenn es bald nötig sein sollte."

Sein Hin- und Herlaufen im Zimmer machte mich nervös. Es könnte auch sein, dass seine scharfen Worte und das Fehlen eines einheitlichen Gedankengangs in seinem Gespräch mich müde machten. Aber Hitler fuhr fort: „Wenn ich in Amerika leben würde, dann hätte ich mit Politik nichts zu tun; dort ist das Volk wirklich frei, und es ist ein Privileg, Amerikaner zu sein. Es ist in den letzten Jahren eine Schande geworden, ein Deutscher zu sein. Wir werden dafür sorgen, dass es wieder eine Ehre wird. Wisst ihr, dass sie mir diesen schändlichen Namen nicht geben werden? Ich bin in Österreich geboren, also bin ich kein Deutscher. Das ist doch lächerlich. Sie werden mich auf ihren Knien erkennen, nicht als einen von ihnen, sondern als einen, der über ihnen steht. Die Kommunisten fangen an, sich zu fürchten, die Juden glauben, dass es so nicht weitergehen wird, und die Sozialdemokraten glauben immer noch, dass sie mit parlamentarischen Reden und Anträgen ihre Haut retten können. Die besten Leute hier in Berlin sind Kommunisten, ihre Führer beklagen sich in Moskau über ihre schlechte Lage und fordern Hilfe. Aber sie begreifen nicht, dass Moskau nicht helfen kann. Sie müssen sich selbst helfen, sind aber zu feige dazu. Das schwierigste Thema ist jetzt unser Verhältnis zu den Kirchen. Die Evangelisch-Deutsche Kirche macht mir Schwierigkeiten, die anderen protestantischen Kirchen werden sich bald anpassen. Aber die Katholiken. Sie müssen wissen, dass ich katholisch bin. Die Zentrumspartei[3] ist sehr stark und kann mit der Unterstützung der bayerischen Parteien etwas erreichen. Wir müssen diese Partei neutralisieren, damit wir die Stärksten sind. Ich weiß sehr wohl, dass es in ihr auch Schurken gibt, aber ich werde sie vorerst in Ruhe lassen. Die Bischöfe gehen in einigen Bezirken gegen die Nationalsozialisten vor, es gibt Priester, die den Nationalsozialisten keine Absolution erteilen und ihnen die Kommunion verweigern. Eine ordentliche Tracht Prügel würde das ändern, aber das ist im Moment keine gute Taktik, wir müssen abwarten."

„Von Heydt hat also keine Summe genannt, und Lütgebrunn auch nicht. Nein, das konnte er nicht, er kannte den Betrag nicht. Sie werden sehen, wir haben alles genau berechnet und überlassen Ihren Geldgebern die Wahl. Es gibt zwei Möglichkeiten. Entweder wir gehen auf die Straße, sobald unsere Sturmabteilungen vollständig organisiert sind, was drei Monate dauern wird, nachdem wir das Geld erhalten haben. Oder wir arbeiten beharrlich mit

---

[3] Katholische Partei

Stimmen und halten unsere Truppen in Bereitschaft, falls sie gebraucht werden sollten. Den ersten nennen wir den Revolutionsplan, den zweiten nennen wir den Plan der „legalen Übernahme". Wie ich schon sagte, ist der erste eine Frage von drei Monaten, der zweite von drei Jahren. Was halten Sie selbst davon?"

Ich konnte nichts weiter tun, als mit den Schultern zu zucken und meine Unwissenheit zu zeigen. „Natürlich kennt ihr Amerikaner die Situation hier nicht, und es ist schwer zu sagen, welches die beste Methode ist, um sie anzuwenden. Aber was meinen Sie, was Ihre Geldgeber dazu sagen werden?" Wieder konnte ich keine Antwort geben. Hitler fuhr fort.

„Sie sehen, ich bin mir nicht einmal selbst im Klaren, und meine Mitarbeiter auch nicht, welchen Weg wir einschlagen sollen. Goring ist einfach für die Revolution, die anderen eher für die legale Übernahme, und ich bin für beides. Eine Revolution kann die Macht in wenigen Tagen in unsere Hände legen, eine legale Übernahme erfordert lange Monate der Vorbereitung und viel Arbeit im Untergrund. Natürlich gibt es einen Grund, warum wir noch keine Entscheidung treffen konnten, und zwar, weil wir nicht wissen, mit wie viel Geld wir von Ihren Geldgebern rechnen können. Wären Sie 1929 großzügiger gewesen, wäre die Sache schon längst erledigt gewesen, aber mit zehn Millionen Dollar konnten wir kaum die Hälfte unseres Programms durchführen. Ich werde unsere

Berechnungen für Sie aufschlüsseln. Revolution bedeutet, dass wir durch große Spenden an Arbeitslose Menschen anlocken, schnell Waffen kaufen und unsere Sturmabteilungen organisieren. Die Schmuggler werden uns ausnutzen und Preise verlangen, die unsere Mittel stark einschränken. Mit viel Geld wird es uns sicher gelingen, Maschinengewehre einzuschmuggeln, ohne Maschinengewehre macht es keinen Sinn, unseren Angriff zu eröffnen."

„Die legale Machtübernahme hingegen, wenn sie endlich vollzogen ist, nachdem wir durch Obstruktion in den Landtagen und im Reichstag verschiedene Wahlen erzwungen haben, dann werden die Massen wahlmüde sein und sich durch unsere geschickte Propaganda leicht bluffen lassen. Während wir uns um unsere parlamentarische Arbeit kümmern, bewaffnen wir unsere Leute und organisieren die Sturmabteilungen. Dann genügen von Zeit zu Zeit ein paar wiederholte Demonstrationen gegen die Kommunisten, um dem Volk eine Vorstellung von unserer bewaffneten Macht zu geben. Darüber hinaus werden wir die Zeit nutzen, um noch tiefer in die Reihen der Reichswehr einzudringen. Die Wahlen, indem sie uns eine effektive Mehrheit verschaffen, erzielen das gleiche Ergebnis wie eine Revolution in drei oder vier Monaten. Ich möchte beide Wege haben. Alles hängt vom Geld ab."

Hitler setzte sich an seinen Tisch. Er nahm sein kleines Notizbuch heraus, sah zu mir auf und fuhr fort.

„Eine Revolution kostet fünfhundert Millionen Mark, eine legale Übernahme zweihundert Millionen Mark." Er wartete. „Wie werden Ihre Geldgeber entscheiden?"

Ich konnte nicht antworten. Ich versprach, mich mit New York in Verbindung zu setzen und so schnell wie möglich zu berichten, was sie beschlossen hatten. Hitler nahm das Gespräch wieder auf und begann zu schwafeln.

„Ihr Leute dort in Amerika müsst daran interessiert sein, dass unsere Partei in Deutschland an die Macht kommt, sonst wärt ihr nicht hier, und zehn Millionen Dollar wären mir 1929 nie gegeben worden. Eure Motive interessieren mich nicht, aber wenn ihr die Situation gut versteht, werdet ihr sicher erkennen, dass ich ohne finanzielle Mittel nichts erreichen kann. Die Kommunisten hier bekommen Geld aus Moskau, ich weiß das und kann es beweisen. Die Sozialdemokraten werden von jüdischen Bankiers und anderen Großbanken unterstützt und haben eine riesige Staatskasse. Die deutschen Nationalisten erhalten riesige Summen von der Großindustrie, und ihr Führer Hugenberg besitzt mehrere Zeitungen, die große Gewinne abwerfen. Die Zentrumspartei bekommt das Geld, das sie braucht, von der katholischen Kirche, die über Milliarden verfügt, vor allem in Süddeutschland. Wenn ich das mit den mageren vierzig Millionen Mark vergleiche, die ich 1929 von

Ihren Geldgebern erhalten habe, dann kann ich kaum glauben, dass wir es wagen konnten, mit so geringen Mitteln unsere Planungen zu beginnen. Sie müssen doch mitbekommen haben, welche Fortschritte wir seit 1929 in Deutschland und hier in Berlin gemacht haben. Sind Sie nicht erstaunt über diese Ergebnisse? Soll ich Ihnen noch etwas sagen? Die Reichswehr ist durch und durch nationalsozialistisch. Das wissen Sie schon, aber es gibt keinen öffentlichen Dienst, in dem unsere Partei nicht eine starke Gefolgschaft hat, wir sind besonders mächtig bei der Eisenbahn und bei der Post, und wenn unsere revolutionären Parolen in einigen Monaten in Umlauf gebracht werden, können wir diese staatlichen Einrichtungen ohne allzu große Schwierigkeiten in die Hand nehmen. Als ich 1929 zu Ihnen sprach, musste ich zugeben, dass der Norden und das Rheinland noch lauwarm waren. Das hat sich jetzt völlig geändert. Selbst in Frankfurt am Main sind wir gut organisiert, wo die deutsche

Nationalisten und Kommunisten haben eine starke Anhängerschaft. In zahlreichen ausländischen Konsulaten sitzen Parteimitglieder, die sich auf das erste Signal aus Berlin hin aktiv beteiligen werden. Bedeutet das nicht alles etwas? Beweist es nicht, dass die „lumpigen" vierzig Millionen gut angelegt waren? Aber jetzt muss alles gut und schnell gehen, und unser Geld ist aufgebraucht. Sagen Sie Ihren Geldgebern, sie sollen in ihrem eigenen Interesse die fünfhundert Millionen Mark so schnell wie möglich überweisen, dann sind wir in spätestens sechs Monaten fertig."

Hitler schrie diese letzten Sätze, als ob er auf einer politischen Kundgebung stünde, und er griff mich an, als ob ich sein schlimmster Feind wäre. Ich hatte genug. Ich wiederholte, dass ich mich in New York melden und ihm so bald wie möglich Bescheid geben würde. Ich telegrafierte noch am selben Tag. Es dauerte fünf Tage, bis ich eine Antwort aus New York erhielt. In diesen fünf Tagen hatte ich das Gefühl, dass ich nie allein war. Außer natürlich während der Stunden, die ich in meinem Hotel verbrachte. Ich glaubte, überall Leute zu sehen, die mir folgten. Ich weiß immer noch nicht, ob es die Realität oder meine Einbildung war, aber mir fallen verschiedene Anlässe ein, die ein starker Beweis dafür sind, dass ich in diesen fünf Tagen ständig kontrolliert wurde. Aber ich möchte nicht den detektivischen Instinkt meiner Leser wecken. Es gibt jedoch einen Fall, den ich erzählen möchte. Am zweiten Tag nach meinem Gespräch mit Hitler ging ich auf dem Kurfurstendamm in Richtung Wilmersdorf. Dort wohnte ein alter Freund meiner Familie in einer kleinen Villa. Ich wollte ihn besuchen. Als ich den Kurfurstendamm hinunterging und in die Straße einbog, in der die Villa stand, sah ich deutlich einen Mann vor mir vorbeigehen, den ich in den letzten zehn Minuten mindestens drei- oder viermal vor oder hinter mir gesehen hatte. Ich kam an der Villa an und wollte gerade die elektrische Türklingel betätigen, als ich außerhalb des Gebüschs einen kleinen Kasten sah. Mit Bleistift stand darauf das Wort: abwesend. Ich habe nicht geklingelt. An diesem Abend rief ich von meinem Hotel aus das Haus meines Freundes an. Die Verbindung wurde nicht hergestellt, und nach einigen Minuten Wartezeit teilte mir die Telefonistin mit, dass niemand zu Hause sei. Das schien in Berlin noch ganz normal und selbstverständlich zu sein, aber später - ich hatte meinem Freund an meinem letzten Tag in Berlin einen Brief geschrieben und ihm gesagt, wie sehr ich seine Abwesenheit bedauerte - erhielt ich eine Antwort von ihm aus New York, in der er sagte, er sei nicht aus Berlin weg gewesen und könne meine Aussage über seine Abwesenheit nicht verstehen. Ich habe die Geschichte auch nicht verstanden, bis ich Anfang dieses Jahres erfuhr, dass unser alter Familienfreund in Berlin ein bekannter Sozialdemokrat war und in die Schweiz geflogen war. Wir Amerikaner interessieren uns im Allgemeinen nur wenig für die politischen Überzeugungen unserer Freunde. Ich hatte vorher nicht gewusst, dass er Sozialdemokrat war, aber jetzt ist der Vorfall von 1931 klar, und ich glaube, dass ich in jenen fünf Tagen nicht nur persönlich beschattet wurde, sondern dass auch mein Telefon und mein Hotelzimmer kontrolliert wurden. Wir sollten nicht vergessen, dass Hitler 1931 noch nicht Reichskanzler war, sondern nur Führer einer starken politischen Partei.

Die Antwort von Carter war unklar. Ich telegrafierte zurück: „Wiederholen Sie", und erhielt daraufhin ein langes Telegramm:

Vorgeschlagene Beträge kommen nicht in Frage. Das wollen und können wir nicht. Erklären Sie den Menschen, dass ein solcher Transfer nach Europa den Finanzmarkt erschüttern wird. Völlig unbekannt auf internationalem Gebiet. Erwarten Sie einen langen Bericht, bevor eine Entscheidung getroffen wird. Bleiben Sie dort. Ermittlungen fortsetzen. Überzeugen Sie den Mann von unmöglichen Forderungen.

Vergessen Sie nicht, Ihre eigene Meinung über die Möglichkeiten für die Zukunft der Menschheit in den Bericht aufzunehmen.

Carter hatte also kein großes Vertrauen in die finanziellen Möglichkeiten Hitlers. Er wollte einen detaillierten Bericht von mir abwarten, bevor er eine Entscheidung traf, und erwartete von mir, dass ich den Führer von der Unmöglichkeit seiner Forderungen überzeugte und meine eigene Meinung zu den Erfolgsaussichten in den Bericht einbrachte.

Ich schrieb Hitler einen kurzen Brief und schilderte den Inhalt des Telegramms. Zwei Tage später besuchten mich zwei Männer, denen ich noch nicht begegnet war, Göring und Streicher, in meinem Hotel. Der erste war ein elegant aussehender, schneidiger Mann, sehr brutal, der zweite machte einen weiblichen Eindruck auf mich.

Göring eröffnete das Gespräch, indem er seine Verwunderung darüber zum Ausdruck brachte, dass ich die Meinung des Führers nicht teilte. Es sei sicherlich schwierig, als Amerikaner die deutsche Situation zu verstehen, aber der Führer habe mich so gut über die Pläne und das Programm der Partei informiert, dass ich über die Situation Bescheid wissen müsste. Ich konterte sofort, dass meine Ansichten irrelevant seien, ich sei nicht derjenige mit dem Geld, sondern nur ein Mittelsmann. Er schien das nicht zu glauben und sprach mich weiter persönlich an, wobei er die Tatsache leugnete, dass ich Hintermänner hatte. Streicher mischte sich mit salbungsvollem Ton in das Gespräch ein. Ich konnte den Mann nicht ausstehen. Die Brutalität Görings war mir hundertmal lieber, so unangenehm sie auch war. Wir konnten uns nicht einigen. Ich erklärte, ich weiß nicht, wie oft, dass ich nichts an den Umständen ändern konnte, dass ich meinen Bericht noch am selben Tag nach New York geschickt hatte und auf die Entscheidung meiner Geldgeber warten musste. Schließlich wurde Goring wütend und sagte wörtlich: „Das ist alles ein Schwindel. Wir haben Sie nicht in Anspruch genommen. Erst halten Sie uns eine riesige Summe vor die Nase, dann, als wir Ihnen sagen, wie viel wir brauchen, ist die Summe viel zu hoch für Sie und die Herren kommen nicht mit der Ware. Ihr seid Schwindler." Diese Brutalität machte mich wütend und ich zeigte Göring die Tür. Er ging mit Streicher weg, ohne sich zu verabschieden. Ich schrieb sofort einen kurzen Brief an Hitler und bat ihn, sich in Zukunft persönlich um mich zu kümmern und keine Vertreter mehr zu schicken, schon gar nicht Göring. Ich erzählte kurz, was geschehen war, und fügte hinzu, dass ich mit Göring nichts mehr zu tun haben wolle. Ich weiß nicht, was zwischen Hitler und Göring vorgefallen ist, aber am nächsten Tag erhielt ich einen kurzen Brief von Göring, in dem er sich entschuldigte und sein Verhalten auf die großen Spannungen zurückführte, unter denen er als Parteiführer neben Hitler stand.

Am nächsten Tag wurden jedoch wieder zwei Männer angekündigt. Die Amerikaner machen in Europa einen schweren Fehler. Sie empfangen jeden nach einer einfachen Ankündigung. In Amerika macht das keinen Unterschied, alles wird schnell erledigt. Überflüssige Reden finden in der dortigen Geschäftswelt nur selten statt. Ich empfing die beiden Männer: von Heydt und eine neue Figur. Einführung: Gregor Strasser. Ein kultivierterer Typ als Göring, aber unter dem Deckmantel der Förmlichkeit ebenso brutal. Von Heydt eröffnete das Gespräch. Ich hörte kaum zu und unterbrach ihn. Das ganze Gerede über Parteiführer machte im Moment keinen Sinn. Ich musste auf die Entscheidung von New York warten. Wenn Herr Hitler die Gelegenheit haben wollte, mit mir zu sprechen, würde ich die Dinge gerne mit ihm besprechen und versuchen, die Position meiner Unterstützer deutlich zu machen. Strasser mischte sich ein. Ob ich deren Standpunkt teile? „Ich habe in dieser ganzen Situation keinen Standpunkt. Ich führe einen Auftrag aus. Die Antwort, die sie mir geschickt haben, war jedoch verschlüsselt, und auch wenn ich sie an Hitler weitergegeben habe, könnte es möglich sein, dass ich bestimmte Punkte weiter erläutern könnte. So ist meine Aussage zu verstehen."

Strasser begann, das Parteiprogramm zu erläutern. Ich hatte den Eindruck, dass seine Aufgabe hauptsächlich in der Arbeit mit den Arbeitslosen bestand. Er macht den Gewerkschaftsbossen und den Sozialdemokraten Vorwürfe, ohne jedoch grob zu sein. Er zählte vierzig, fünfzig Namen hintereinander auf, zeigte kaltschnäuzig auf die Wand und sagte leise: „Hier werden diese Kerle stehen, mit zehn Scharfschützen vor ihnen." Die gröbsten Worte, die er benutzte, waren Gauner und Hund, aber er sprach sie genauso ruhig aus wie alles andere. Ich hatte genug von diesem Geschwätz und bat die Männer, mich in Ruhe zu lassen, da ich noch eine Reihe von Briefen zu schreiben hatte. Strasser lud mich für den folgenden Sonntag zu einer nationalsozialistischen Parade in Breitenbach ein.

Ein überwältigender Anblick. Auf einem Feld mit knorrigen Baumstümpfen standen fünf Sturmabteilungen in Formation und hörten dem Pfarrer zu, der den Feldgottesdienst hielt. Die folgenden Sätze aus der Predigt des Pfarrers sind mir im Gedächtnis geblieben. Sie gaben mir ein viel klareres Verständnis des deutschen Nationalsozialismus als alle Worte Hitlers und seiner Führer.

„Ihr seid Kämpfer für Gott. Tag für Tag wird das beste Blut vergossen, weil ihr heldenhaft euer Leben als Bollwerk gegen den Bolschewismus eingesetzt habt, um 2.000 Jahre christlicher Kultur vor dem Untergang zu retten. Ihr, die ihr den erbitterten Kampf für die deutsche Natur und Rasse auf die rote Fahne des Volkes mit dem weißen Feld der Reinheit und Treue und dem Runenzeichen des Sieges geschrieben habt, ihr befriedigt damit euer eigenes Gewissen und das Gottes. Laßt euch nicht beirren, laßt euch nicht einschüchtern."

„Der Geist Christi ist der Geist des Kampfes, gegen Satan und gegen seine Hölle. Der Feind, den Christus durch seine Kreuzigung besiegen wollte, strebt danach, gerade jetzt wieder aufzuerstehen, der Feind, der ewige wandernde Jude, hat beschlossen, Rache zu nehmen. Er ist bestrebt, die Heiligkeit der Ehe zu zerstören und die Reinheit der Sitte und die Seele des Volkes absichtlich zu vergiften. Die christliche Bruderliebe muss in den Kampf eingebracht werden, denn es geht um die Existenz oder Nichtexistenz des Christentums. Kameraden, unser Kampf ist eine lebenswichtige Verteidigung, unser Nationalismus ist der Retter von Volk und Vaterland. Hört nicht auf die Politiker, die unseren fanatischen Nationalismus als Untat bezeichnen und jeden Nationalismus verdammen. Unser Nationalismus ist derselbe wie der eines Pfarrers Wetterle, wie der eines Kardinals Mercier von Mecheln, eines Kardinals Dubois in Palis, die mit Tausenden ihrer Priester das französische Volk zu brennender Vaterlandsliebe entflammen und mit glühendem Enthusiasmus zum Durchhaltevermögen für den Sieg ermuntern. Was für die Franzosen und Belgier gut genug ist, ist auch für uns Deutsche gut. In der brennenden Welt von 1914 stand der Feind an den deutschen Grenzen, heute ruht der Feind im Kern unseres Landes, unterjocht unser Volk und versklavt es. Im August 1914 zogen Millionen, von der Kirche gesegnet und von den Gebeten der Kirche beschützt, auf die mörderischen Schlachtfelder, um Volk und Vaterland zu retten. Was damals erlaubt war, sogar von unseren Priestern verlangt wurde, soll nun als böse Lehre verboten werden? ... Genossinnen und Genossen, das ist eine Lüge. Deshalb sage ich euch: Nationalsozialist zu sein heißt, Kämpfer für ein Volk zu sein, das bereit ist, seine religiösen Überzeugungen, seine Reinheit der Sitten und seine Ehre bis zum letzten Atemzug zu verteidigen. Ihr seid eine Vorsehung Gottes, weil ihr die Unterwelt mit ihrem tödlichen Gift der Zwietracht verbannen wollt. Der Segen Gottes ruht auf eurem Kampf. Und nun lasst uns unsere Helme abnehmen. Lasst uns die Hände falten und singen, wie es die holländischen Geusen vor der letzten Entscheidungsschlacht taten, damit es tausendfach im ganzen Land erklingt: Herr mach uns frei ..."

Das Dankgebet ist beendet. Der Feldgottesdienst ist zu Ende. Scharfe Kommandos ertönen auf dem ganzen Feld. Die braunen Reihen stellen sich zum Abmarsch auf.

Zwei Polizisten in grünen Uniformen beobachten die Sturmabteilungen mit Interesse. Die Polizisten sind alle auf ihren Posten. Sie hatten den strikten Befehl, alle Bewegungen der Sturmabteilungen in ganz Deutschland, insbesondere in Preußen, zu beobachten. Innenminister Severing sprach letzte Woche im Reichstag über diese gefährlichen Vorbereitungen zur Machtübernahme durch die NSDAP[4] . Drei Tage später erhielt ich ein Telegramm aus New York: „Report received. Bereit, zehn, höchstens fünfzehn Millionen Dollar zu liefern. Empfehle dem Menschen die Notwendigkeit einer Aggression gegen die ausländische Gefahr."

Ich schrieb erneut an Hitler, um ein Treffen zu vereinbaren. Ich teilte ihm mit, dass ich eine Nachricht aus New York erhalten hatte und es vorzog, ihn persönlich über den Inhalt zu informieren. Am selben Abend besuchte mich von Heydt in Begleitung von Strasser. „Der Führer ist überlastet. Auf Anraten seiner Ärzte muss er sich mindestens zwei Wochen ausruhen." Sie hatten die volle Vollmacht, in seinem Namen zu handeln, wofür sie einen Beweis hatten. Widerstrebend schilderte ich den Inhalt des Telegramms aus New York.

Von Heydts sagte: „Fünfzehn Millionen Dollar" - er wählte sofort das Maximum - „sind nicht viel für unsere gewaltigen Pläne, aber ich weiß, dass der Führer sie akzeptieren wird. Von Revolution kann jetzt keine Rede mehr sein. Es ist nicht so einfach,

---

[4] Nationalsozialistische Partei.

wie Göring und die anderen sich das vorstellen. Ich würde sogar gerne selbst auf die Barrikaden gehen. Ich habe genug von diesen Zuständen. Aber wir können uns keine dummen Ideen in den Kopf setzen. Man würde uns abschießen, bevor wir wissen, was passiert ist. Das wäre unverantwortlich gegenüber unserem Führer. Wir müssen jetzt mit Vorschlägen zu Hitler gehen, um uns effizienter zu organisieren und unser Volk zu schulen. Jetzt eine Revolution zu machen, würde einen Mangel an soldatischem und kameradschaftlichem Geist zeigen, Opfer zu provozieren ist eine kommunistische Idee. Damit werden wir nichts zu tun haben. Die Sturmabteilungen jetzt auf die Barrikaden zu schicken, würde die Zerstörung unserer Bewegung bedeuten, würde Blut vergießen, wertvolles Blut für nichts, und die Fahne des Chaos und der Verzweiflung, die Fahne des Bolschewismus, würde auf unsere Leichen gepflanzt werden. In den letzten Wochen haben wir einen Zustrom neuer Elemente in unserer Partei erlebt, die noch schwieriger zu handhaben sind, sie kommen aus anderen Parteien und haben andere Ansichten, und sie müssen sich an unsere Welt anpassen."

Von Heydt schien wie alle anderen Führer der nationalsozialistischen Partei, die ich kennengelernt habe, von der Manie besessen zu sein, das Programm und die Taktik der Partei zu Recht oder zu Unrecht zu verbreiten, als befände er sich auf einer politischen Kundgebung.

Strasser fragte mich, wann die fünfzehn Millionen Dollar meiner Meinung nach an Deutschland ausgezahlt werden könnten. Ich antwortete, dass es sich um eine Frage von einigen Tagen handele, sobald ich wisse, dass Hitler mit dem festgesetzten Betrag einverstanden sei, dass ich aber erst nach einer Besprechung mit Hitler die notwendigen Maßnahmen ergreifen würde, um den Betrag nach Europa zu überweisen. Von Heydt erklärte mir, dass dies vorübergehend nicht möglich sei, weil Hitler sich erholen müsse. Auf seine Rückkehr zu warten, würde eine große Verzögerung bedeuten. Wenn ich darauf bestehe, könne morgen oder übermorgen ein Treffen aller Parteiführer organisiert werden, und ich könne dort berichten, was ich Hitler persönlich sagen wolle. Ich blieb jedoch bei meiner Forderung und sagte schließlich, dass ich nichts tun würde, bevor ich nicht persönlich mit Hitler gesprochen hätte.

Am nächsten Tag wurde ich mittags vom Mittagessen in meinem Hotel weggerufen. Ein Chauffeur erwartete mich in der Halle und übergab mir einen Brief. Er war in Hitlers Handschrift geschrieben und forderte mich auf, mit dem dort wartenden Automobil zu seinem Haus zu kommen. Eine Viertelstunde später saß ich in seinem Zimmer in der Fasanenstraße. Ich bemerkte weder Müdigkeit noch Krankheit an ihm, sagte aber nichts über seinen Gesundheitszustand, sondern führte meinen Auftrag direkt aus. Hitler stand auf, und während er im Zimmer auf und ab ging, kreischte er: „Fünfzehn Millionen Dollar, das sind etwa sechzig Millionen Mark. Wie lange wird es dauern, bis es hier eintrifft? Das ist viel zu wenig, um das Problem wirklich in Angriff zu nehmen. Ihr Amerikaner kennt unsere Pläne nicht."

Ich bemerkte, dass fünfzehn Millionen Dollar das Maximum seien, und er konnte aus der Kopie des Telegramms, die ich ihm zeigte, erkennen, dass zehn Millionen und maximal fünfzehn Millionen angeboten wurden. Er hörte zunächst sehr aufmerksam zu. Ich nutzte die Gelegenheit, um auf die in dem Telegramm erwähnte Notwendigkeit einer aggressiven Haltung gegenüber dem Ausland hinzuweisen. Angeblich hatte Amerika den Eindruck, dass seine Aktionen in anderen Teilen Europas nicht wirklich Wirkung gezeigt hatten. Ich wollte nicht weiter darauf eingehen. Vielleicht würde er erkennen, was meine Hintermänner meinten. Aber Hitler begann wieder zu schreien. „Glauben Sie, ich kann hier bei unserem Volk Wunder vollbringen? Habt ihr eine Ahnung von der Apathie der Deutschen? Dieses 'Judenpack' hat uns einen Geist des Schwindels, der Raffgier, des Internationalismus und des Pazifismus aufgezwungen. Dagegen müssen wir Tag für Tag ankämpfen: erst müssen wir dem Volk Mut machen, dann können wir etwas tun."

„Es gibt keine Disziplin in Deutschland, und wir müssen wieder ganz von vorne anfangen. Warten Sie nur, bis wir ohne Arbeit am deutschen Volk fertig sind, dann können wir über Außenpolitik nachdenken. Lesen Sie unser Programm. Wir werden nicht einen Zentimeter davon abweichen. Lesen Sie die Punkte 1 bis 7. Punkt 1. Schaffung eines einheitlichen Nationalstaates, der alle Deutschen einschließt. Die Erklärung dazu lautet: Wir werden keinen einzigen Deutschen im Sudentenland, in Elsass-Lothringen, in Polen, in der Völkerbundskolonie Österreich und in den Nachfolgestaaten des alten Österreich aufgeben. Lesen Sie die Erklärung zu Punkt 2: Wir wollen nicht die Unterwürfigkeit Erzbergs und Stresemanns gegenüber fremden Mächten; es wird sich bald zeigen, dass fremde Mächte eine starke Vertretung deutscher Interessen viel mehr achten und respektieren werden. Das Ergebnis unserer neuen Haltung wird Rücksichtnahme und Beachtung der deutschen Wünsche auf fremdem und internationalem Boden sein, statt Tritte und Schläge. Punkt 3 lautet: Entfernung der Juden und aller Nichtdeutschen aus allen verantwortlichen Positionen des öffentlichen Lebens. Und Punkt 4? Die Einwanderung von Ostjuden und anderen minderwertigen Ausländern wird nicht mehr zugelassen. Unerwünschte Ausländer und Juden werden aus dem Land gejagt. Lesen Sie noch einmal Punkt 6: Wer nicht Deutscher ist, kann nur als Gast im deutschen Staat leben und unterliegt dem Ausländerrecht. Punkt 7: Die Rechte und Interessen der Deutschen haben Vorrang vor den Rechten und Interessen der ausländischen Bürger. Vor allem haben wir die Wiedergeburt Deutschlands im deutschen Geist für die deutsche Freiheit zum Ziel. Was kann man mehr wollen? Wir werden an diesem Programm festhalten und es bis auf den letzten

Buchstaben erfüllen. Ich weiß, dass ich deswegen Frankreich, Polen, die Tschechoslowakei, vielleicht auch Preußen, Italien und Ungarn am Hals haben werde. Das ist im Moment noch unerheblich. Wir werden uns damit befassen, wenn unser Volk bereit ist, die Folgen der deutschen Politik im Interesse des deutschen Volkes ohne Vorbehalte auf sich zu nehmen. Das Volk ist bastardisiert und die fremden Sitten müssen aus ihm herausgetrieben werden." Hitler setzte sich wieder hin und dachte nach. Dann sprach er etwas ruhiger.

„Gut, ich werde die fünfzehn Millionen nehmen. Wir werden unser Programm durchziehen, aber unsere Taktik wird sich ändern. Ich werde den langsamen Weg wählen, den Weg der legalen Übernahme, aber wir werden Erfolg haben. Bei Präsident Hindenburg zeichnet sich bereits eine Veränderung ab. Ich werde fertig sein, wenn ich die aristokratische Clique, die ihn umgibt, aus dem Weg geräumt habe. Sein Sohn hält nichts von mir und hetzt seinen Vater gegen mich auf. Der Präsident ist ein alter Mann. Er lässt sich von anderen beeinflussen. Geben Sie mir einfach die fünfzehn Millionen. Von Heydt wird mit Ihnen absprechen, wie ich das Geld erhalten werde."

Ich erklärte weiter, dass es möglich sei, dass meine Geldgeber die fünfzehn Millionen in zwei Raten schicken würden, eine von zehn Millionen und später eine von fünf Millionen, und dass sie auf Informationen von mir warten würden, bevor sie etwas unternähmen. Ich wies noch einmal auf die

Bedeutung der Bedingungen in Carters Telegramm hin - eine energische Außenpolitik. Diesmal predigte er nicht die üblichen Phrasen über sein Programm, sondern sagte direkt und leise: „Überlassen Sie es einfach mir. Was ich bereits erreicht habe, ist der Beweis dafür, was ich in Zukunft tun kann."

Das Gespräch war zu Ende, was mich sehr freute, ein Gespräch mit Hitler ist eine anstrengende Sache. Er schreit und tobt einen an. Offensichtlich ist er so daran gewöhnt, vor nationalen Versammlungen zu sprechen, dass es ihn so ergreift, dass er kein normales, ruhiges Gespräch führen kann.

Noch am selben Tag telegrafierte ich einen ausführlichen Bericht über mein Gespräch mit Hitler nach New York und verwies vorerst nur auf seine außenpolitischen Pläne und seine feste Zusage, keinen Millimeter von seinem Parteiprogramm abzuweichen. Ich glaube nicht, dass dies ausreichen würde, um Carter und seine Kollegen hinsichtlich einer aggressiven Außenpolitik der Nationalsozialisten zu befriedigen, und dachte, das Geschäft sei abgeschlossen.

Drei Tage später erhielt ich von Carter eine Antwort, die meiner Meinung widersprach. Fünfzehn Millionen Dollar würden auf mein erstes Ersuchen hin an eine von mir angegebene europäische Bank geliefert werden. Ich gab diese Antwort sofort an Hitler weiter. Von Heydt suchte mich auf und bat mich, das Geld sofort auf folgende Weise nach Europa zu überweisen: Fünf Millionen Dollar in meinem Namen an Mendelsohn & Co. in Amsterdam, fünf Millionen an die Rotterdamsche Bankvereinigung in Rotterdam und fünf Millionen an die Banca Italiana in Rom.

Ich reiste mit von Heydt, Gregor Strasser und Goring zu diesen drei Orten, um die Beträge einzuzahlen. Eine große Anzahl von Schecks musste auf viele verschiedene Namen in großen und kleinen Orten in Deutschland ausgestellt werden. Die nationalsozialistischen Führer hatten lange Listen mit Namen dabei. In Rom wurden wir im Hauptgebäude der Bank von ihrem Kommissionspräsidenten empfangen, und während wir fünf Minuten in seinem Büro warteten, kamen zwei Faschisten herein, deren Uniformen offensichtlich auf hohe Ränge hinwiesen. Einführung: Rossi und Balbo.

Goring eröffnete das Gespräch. Er sprach Italienisch mit den Männern. Ich konnte nicht verstehen, was gesagt wurde. Wir waren zu einem Abendessen in Balbos Haus eingeladen. Ich war der einzige, der keine Uniform trug. Die nationalsozialistischen Führer trugen ihre braunen Uniformen und die Faschisten ihre schwarzen Uniformen. Nach dem Essen tanzten alle in einem riesigen Saal mit offenen Türen, die auf einen herrlichen Garten hinausgingen. Die braunen Uniformen wurden von den Damen sehr bevorzugt. Ein alter Italiener, ein schwarzes Hemd mit vielen

Verzierungen, saß neben mir und beobachtete die Tänzer. Er begann auf Deutsch zu sprechen. „Italien hätte das Bündnis mit Deutschland nie aufgeben dürfen. Dann wären wir in einer viel stärkeren Position gegenüber Frankreich. Aber unsere deutschen Freunde sind auf dem richtigen Weg, und wenn die Revolution Wirklichkeit wird, dann werden die guten alten Zeiten wiederkommen. Es gibt keine bessere Kombination: Italienische Kultur mit deutschem Geist, sie werden die Welt erneuern und erobern." Drei Tage später reiste ich mit der Savoya von Genua nach New York.

Carter berief am nächsten Tag nach meiner Rückkehr aus Europa eine Vollversammlung ein. Rockefeller fragte sofort, ob ich glaube, dass Hitler einen offenen Kampf mit Hindenburg wagen würde. Ich sagte, dass ich Hitler zu allem fähig sei, wenn es seinen Zielen dienlich sei. Er war auch kein Träumer und war sich der Schwierigkeiten, denen er gegenüberstand, sehr bewusst; er würde keine Experimente wagen, wenn er sich des Erfolgs nicht sicher war. Ich wurde gebeten, das, was ich in meinen Gesprächen mit Hitler gesagt hatte, wörtlich zu zitieren. Ich wurde auch zu meinen Eindrücken über die Verhältnisse in Deutschland befragt. Als ich die Meinung des Hamburger Bankiers wiedergab, wollte Glean wissen, ob die wohlhabenden Schichten in Deutschland Hitlers Finanzpolitik und seine „Auflösung der Versklavung des Finanzkapitals", wie Hitler es nannte, fürchteten. Ich antwortete, indem ich den Berliner Industriellen und das Gefühl des

Hamburger Bankiers zitierte, dass sich in jedem politischen Programm Punkte finden lassen, die nur dazu da sind, die Massen zu erfreuen, und die niemals in die Praxis umgesetzt werden. Ich kam zu dem Schluss, dass die wohlhabenden deutschen Klassen (nach Hitlers Wünschen) diese Aspekte des Hitler-Programms nicht ernst nehmen würden. Carter bemerkte, dass die geforderten Beträge, die ich überwiesen hatte, absurd seien und deutlich zeigten, wie wenig Hitler von internationalen Beziehungen verstehe. Ich fügte hinzu, dass dies meiner Meinung nach nicht nur bei den finanziellen Beziehungen der Fall sei, sondern dass ich auch über seine Unkenntnis auf dem Gebiet der internationalen Politik erstaunt gewesen sei. Niemand schien dies für bedeutsam zu halten - das ist in Amerika durchaus üblich. Carter fragte mich, was ich über Hitlers Mitarbeiter dachte. Ich erzählte von dem Vorfall mit Göring. Dies schien ihm besonders zu gefallen, und er sagte rundheraus, dass ein Mann vom Typ Göring ein passender Partner für einen Führer wie Hitler wäre.

Ein ganzes Jahr später, im September, nachdem die Nationalsozialistische Partei in Deutschland am 14. September 107 Abgeordnete im Reichstag empfangen hatte, schrieb mir Carter einen kurzen Brief, in dem er sich an meine beiden Reisen nach Deutschland und die Gespräche mit Hitler erinnerte. Er fragte mich, ob ich bereit sei, noch einmal nach Deutschland zu reisen, um ein Treffen mit dem Führer zu haben, falls dies notwendig sei. Nach meinem letzten Besuch in Deutschland hatte ich regelmäßig Briefe von von Heydt, Strasser und Göring sowie umfangreiche Sendungen von Büchern, Broschüren und Tageszeitungen erhalten. Ich war nun mit dem Nationalsozialismus sehr vertraut, und die Person Hitlers war mir durch den Kontakt mit ihm nicht mehr so rätselhaft wie für andere in unseren Kreisen. Das Wiedersehen mit diesen Menschen in Europa war nicht die angenehmste Aussicht. Weder die Menschen noch ihre Literatur oder Propaganda hatten für mich eine große Anziehungskraft. Vielleicht ist meine deutsche Herkunft in der Routine des amerikanischen Lebens verblasst. Mein Großvater kam vor neunzig Jahren nach Amerika, mein Vater wurde dort geboren, meine Mutter ist eine reine Amerikanerin. Vielleicht konnte ich deshalb die aufgeblasene Arroganz des deutschen Volkes, die der Schlüssel zu Hitlers ganzem Programm war, nicht ertragen, und sein Werk und seine Ziele waren mir völlig fremd. In der Tat war ich persönlich zu dem Schluss gekommen, dass meine Freunde auf dem falschen Weg waren, dass Hitlers aggressive Außenpolitik Frankreich vielleicht flexibler und kooperativer machte, aber auch gefährlich für die Welt war. Man weiß immer, wo ein solcher Diktator anfängt, aber man weiß nie, wo er aufhört. Ich hatte Glean im Laufe des Jahres meinen Standpunkt mitgeteilt, und er versuchte, mich mit der Information abzulenken, dass Mussolini, ein ebenso gewalttätiger Diktator eines großen Landes, sich abgekühlt hatte, nachdem er die Welt und insbesondere Frankreich mit seinem großen Mundwerk und seinen Drohungen in Unruhe versetzt hatte, was seiner Meinung nach sehr gut war, aber wenn es brenzlig wurde, zog (Mussolini) sich in aller Ruhe zurück. Mit Hitler würde es nicht anders sein, dachte er. Es war sicher nicht unsere Absicht, einen Krieg zwischen Deutschland und Frankreich herbeizuführen, sondern nur mit der Gefahr eines Krieges zu drohen, um Frankreich zu einer stärkeren Zusammenarbeit bei der möglichen Unterstützung Englands und Amerikas in internationalen Finanzangelegenheiten zu bewegen.

Schließlich traf ich meine Entscheidung. Ich teilte Carter mit, dass ich bereit sei, erneut nach Europa zu reisen und mich mit Hitler auseinanderzusetzen, sobald es notwendig sei.

Im Schlafwagen nach Berlin fand ich eine Ausgabe einer deutschen Tageszeitung. Dies war der Hauptartikel auf der Titelseite;

Die Menschen strömen in Massen aus der Innenstadt zur Jahrhunderthalle und den umliegenden Plätzen und Gebäuden für die Versammlung auf dem Messegelände. Busse, Lastwagen, Privatautos und Motorräder werden in den nächstgelegenen Straßen geparkt. Links von den Autos fahren vollbesetzte Straßenbahnen, und seit drei Uhr warten ungeduldige Frauen und Männer mit Klappstühlen und Essenspaketen vor dem Eingang des Gebäudes. Um fünf Uhr sind die Brücken über die Oder, die zum Messegelände führen, schwarz vor Menschen und Autos. Der Verkehr wird streng kontrolliert, aber es kommt immer wieder zu Verkehrsbehinderungen. Immer wieder ertönen „Heil"-Rufe, wenn Fahrzeuge mit Parteimitgliedern und Sturmabteilungen singend und fahnenschwenkend an den Versammlungsorten eintreffen. Die Polizei läuft mit Lunchpaketen und Wasserflaschen herum. Es heißt, dass ihre Streifenwagen mit Maschinengewehren und Tränengasbomben bestückt sind. Ein Sonderzug nach dem anderen fährt in die Bahnhöfe ein. Freude, Enthusiasmus, Glückseligkeit auf allen Gesichtern von Frauen und Männern, Arbeitern, Bauern, Bürgern, Beamten, Studenten und Arbeitslosen, alle sind gefangen in der Aufregung, die die innere Spannung des großen Wahlkampfes noch verstärkt. Unvergesslicher, wunderbarer Tag. Hitler wird sprechen.

Zum ersten Mal wird die gesamte SA der Provinz marschieren. Darunter sind auch Sturmabteilungen, die zehn Stunden und länger in offenen Lastwagen gesessen haben, bevor sie den Treffpunkt erreichten. Die SA-Kolonnen werden mit Blumen überhäuft, es wird eine Triumphparade. Ständig grüßt man sich mit erhobenen Armen. Heil SA, Heil...Trommelwirbel, Hörnerklang.

Tausende von Menschen drängen sich in dem gigantischen Betonbau der Jahrhunderthalle, der gewaltigen Gedenkstätte, die das preußische Volk für immer an die großen Tage von 1813 erinnert. Lange Fahnen sind an den Wänden und Bögen des zweitgrößten Kuppelbaus der Welt drapiert. Dort steht geschrieben: „Wir kämpfen nicht für Mandate, wir kämpfen für unsere politische Ideologie." „Der Marxismus muss sterben, damit der Sozialismus leben kann." Es gibt keinen Platz auf dieser Welt für ein feiges Volk." „Achtung, Achtung", tönt es aus dem Lautsprecher. „Alle hinsetzen, die SA marschiert ein."

Und sie kommen näher. Das riesige Gebäude erbebt. Ein Tosen wie ein Orkan bricht aus, zwanzigtausend Menschen erheben sich von ihren Plätzen. Zwischen den Jubelschreien werden Banner und Fahnen hochgehalten, eine davon schwarz gefärbt. Eine Mutter schreit. Ein unbekannter Sturmtruppler ist für sein Volk den Heldentod gestorben. Die Sturmtruppler marschieren ein. Schon draußen hört man sie singen: „Wir sind die Armee des Hakenkreuzes". Die Begeisterung erreicht den Siedepunkt. Immer mehr Kolonnen kommen. Männer, die nichts anderes kennen als Pflicht und Kampf. Der Boden zittert unter den marschierenden Füßen, unter der Kraft und Disziplin der braunen Bataillone.

„Achtung, Achtung, Hitler ist soeben eingetroffen. Achtung, Achtung." Aufregung überall. „Heil, Heil." Er kommt, Tausende von Augen suchen den Führer. Und da ist er. Scharfe Kommandos, ein Jubelschrei: „Adolf Hitler". Jetzt Stille. Der Gauleiter tritt an das Mikrofon: „Meine lieben deutschen Kameraden", beginnt er. Nach ein paar scharfen Sätzen schließt er ab: „Der Führer wird sprechen."

Wieder ein Riesengebrüll, dann hören die Massen zu. Adolf Hitler spricht. Zuerst langsam, gemessen und kühl. Der erste Beifall. Hitler nickt zum Schweigen. Er spricht weiter, mit mehr Überzeugung, unwiderstehlich, er wird inbrünstig und fordernd, die Nicht-Nationalsozialisten sind beeindruckt. Was dieser Frontsoldat Leutnant erster Klasse Adolf Hitler, dieser Mann des Volkes, sagt, ist alles so einfach, so gewöhnlich und so richtig, und alles so wahr, dass die Besserwisser, die sich ihrer Entwicklung rühmen, und die Rationalen mit ihren ewigen praktischen Beschwerden alle schweigen. Sie folgen dem Redner mit Spannung. Sie haben Mühe, diesen Mann zu verstehen, den sie aus Neugierde besucht haben, aber sie applaudieren ihm.

Hitler deutet Schweigen an. „Diejenigen, die zu uns gehören, wissen, dass eine Wende in der Geschichte unseres Volkes nicht alle fünf oder zehn Jahre, sondern vielleicht nur einmal in einem Jahrhundert eintritt..." Jetzt schreit er laut auf: „Parteiprogramme sind wertlos." Diejenigen, die am Rande stehen, die Enttäuschten, die so oft betrogen worden sind, hören genau zu.

„Vor dreizehn Jahren waren wir als Volk gebrochen, und dem

gebrochenen Volk folgte ein gebrochenes Wirtschaftsleben. Einst, vor hundert Jahren, damals waren es nicht diejenigen, die nur an das Wirtschaftsleben dachten, sondern diejenigen, die Blut und Besitz für die Ehre des deutschen Volkes gaben, die dem deutschen Volk neuen Wohlstand und neues Glück brachten. Es kann nicht anders sein. Das deutsche Wirtschaftsleben ist nicht kaputt, das deutsche Volk ist es..." Der Frontsoldat Hitler spricht nicht von Plattformen, sondern von Aufopferung, Unterordnung und Arbeit.

Jetzt klingt seine Stimme wie ein Trommelwirbel, jetzt spricht er von Deutschland, und wie. Die Herzen sind entflammt, was für ein Testament, ein Wille und ein Glaube so stark wie ein Fels. Hitler liebt Deutschland, er liebt und kämpft allein für Deutschland, immer nur für Deutschland.

Die Augen leuchten, die Gesichter sind entschlossen. Die Zweifelnden werden mutig, die Ungläubigen beginnen zu hoffen, die Gleichgültigen und Apathischen werden von ihm aufgenommen, alte Soldaten werden zu neuen Taten inspiriert. Hitler zieht sie alle mit seinem glühenden Freiheitswillen in den Kreis seiner Herrschaft. Ein geknechtetes Volk wacht auf, Klassenunterschiede fallen weg, keine klassenbewussten Arbeiter und unzufriedenen Bürger, nein, zwanzigtausend Kameraden glauben und jubeln, glauben an den Führer und bejubeln ihn. -

Das alles las ich im Schlafwagen auf dem Weg nach Berlin. Ich las auch, dass von Pfeiffer von Hitler entlassen worden war, dass von Heydt aus der Partei ausgetreten war und dass Strasser kaltgestellt worden war, weil sein Bruder zur Meuterei unter den Sturmabteilungen aufgerufen hatte.

Ich bin fast froh, dass ich den Auftrag

angenommen habe, Hitler zum dritten Mal zu treffen. Es geschehen Dinge in diesem Land, die wir nur aus der Lektüre der Geschichte kennen. Nur wenigen ist es vergönnt, dabei zu sein, mitten im Geschehen zu stehen, mit dem Führer zu sprechen und seine geheimsten Beweggründe zu erfahren.

Eine seltsame Stimmung liegt über Berlin. Ob es die Ruhe vor dem Sturm ist? Ich weiß es nicht. Keiner spricht von Politik. Ich habe den alten Freund in Wilmersdorf besucht. Sein Haus ist verlassen, diesmal kann ich feststellen, dass er wirklich nicht da war. Ich führe ein Gespräch mit dem Geschäftsführer eines großen Kaufhauses. Er verrät nichts über die Situation. Auf alle meine Fragen antwortet er nur, dass harte Zeiten kommen werden, und mehr konnte ich von ihm nicht erfahren. In einigen Gegenden Berlins sieht die Stadt seltsam aus, Polizisten neben Halden von Gewehren und Maschinengewehren. Offene Lastwagen voller Reichswehrsoldaten rasen mit wahnsinniger Geschwindigkeit durch die ruhigen Straßen. Motorbrigaden fliegen über den Kurfurstendamm, bewaffnete Truppen sind überall um die Regierungsgebäude in der Nähe meines Hotels zu sehen. Nur wenige braune Uniformen. Ein merkwürdiges Phänomen, wie ich finde. Immerhin ist Hitler in die Regierung aufgenommen worden. Die wenigen Zeitungen, die es wagen, die Frage zu stellen, sprechen von ihm als dem Kanzler der Zukunft, einer sehr nahen Zukunft. Ich hatte mehr Machtdemonstrationen der Hitler-Partei in Berlin erwartet. Aus den Zeitungsberichten habe ich nichts erfahren. Vieles wurde jedoch geklärt, als ich mit einem Attaché der amerikanischen Botschaft sprach. Er erzählte mir, dass Hitler bereits die Presse unterdrückt hatte, obwohl er noch nicht Kanzler war, dass seine Sturmabteilungen (SA) mobilisiert waren, um die Stadt beim ersten Signal zu übernehmen, dass das Auftreten der Reichswehr, auch wenn es offiziell war, nichts bedeutete, da die Regierung sie nicht gegen Hitlers Truppen einsetzen konnte, so sehr sie es auch brauchte, weil sie unzuverlässig war und viele nationalsozialistische Elemente enthielt; dass Hitler seinen Sturmabteilungen und Truppen eine neue Gruppe von Kämpfern hinzugefügt hatte, die er selbst Mordtruppen nannte. Niemand in den anderen politischen Parteien hat gegen diese brutale Bezeichnung protestiert, die eine Herausforderung für die Zivilisation darstellt. Die Sozialdemokraten sind gebrochen, weil sie merken, dass all ihre jahrelange parlamentarische Arbeit zu nichts geführt hat, die Kommunisten bekommen Angst, obwohl sie am lautesten geschrien haben. Gestern wurde ihr Karl-Liebknecht-Haus überrumpelt und vom Keller bis zum Dachboden durchsucht. Offiziell geschah dies durch Polizei und Reichswehr, aber mein Informant bemerkte, dass Hitlers Mordkommandos einen großen Anteil an der Zerstörung des Karl-Liebknecht-Hauses hatten. Viele kommunistische Führer seien bereits gefangen genommen worden, die rote Fahne sei verboten, zwar nur vorübergehend, aber vor den Wahlen werde sie nicht mehr zu sehen sein. Die Sozialdemokraten sind in ihren Manifesten und

Tageszeitungen lauwarm. Jeder spürt, dass sie mit der Situation überfordert sind. Das deutsche Volk will beeindruckt werden, es hat nur Respekt vor starken Rednern. Die Deutschen sind nur Kinder, naive Menschen. Sie werden sich nie von einem wichtigen Prinzip beeindrucken lassen.

Zunächst erhielt ich einen kurzen Überblick über die politische Lage. Mein Informant wagte sogar eine Vorhersage. „Hitler ist nicht mehr zu stoppen", fuhr er fort. „Sie werden sehen, nächste Woche wird er Reichskanzler sein. Ein von Papen kann sich nicht dagegen wehren, ein von Schleicher hat es mit Hilfe des jungen Hindenburg versucht, aber er war erfolglos. Hitler kann Reichspräsident werden, wenn er will. Mit dem Kanzleramt wird er nur vorübergehend zufrieden sein. Aber Hindenburg ist alt, und es kann jeden Tag etwas passieren, dann wird Hitler ein kompletter Diktator sein, ohne auch nur den Anschein eines verfassungsmäßigen Oberhaupts. Bei diesem Mann ist alles möglich. Ich habe ein paar Mal mit ihm gesprochen und seine Reden gehört, und er macht mit seinen Zuhörern, was er will. Er lässt sie nicht denken, sondern schreit und brüllt, damit sie ihm nicht mehr widerstehen können. Wenn ich ihm zuhörte, hatte ich immer das Gefühl, dass ich gegen die Macht seiner Suggestion ankämpfen musste, um nicht hundertprozentig mit ihm mitzugehen. Wenn man sich später fragt, was er gesagt hat, kann man sich nicht mehr daran erinnern. Was hältst du vom Nationalsozialismus?"

Ich wollte ihm keine Antwort geben, schon gar

nicht eine vollständige Antwort. „Wir sollten abwarten", sagte ich, „wir Amerikaner haben schließlich nichts damit zu tun. Wenn das deutsche Volk Hitler als seinen Retter ansehen will, dann ist das sein Privileg, es geht uns nichts an."

Mein Vertrauter war anderer Meinung und versuchte mir zu beweisen, dass Hitler ebenso wie Mussolini eine Gefahr für Europa darstellte und dass die italienische Gefahr durch die Machtausweitung der Nationalsozialisten in Deutschland und durch eine Hitler-Diktatur noch verstärkt würde.

Noch am selben Abend schrieb ich an Hitlers alte Adresse in Berlin, dass ich angekommen sei und bat um ein Treffen. In dieser Nacht brannte das Reichstagsgebäude nieder. Göring kam mittags in mein Hotel, noch brutaler als zuvor, arrogant und autoritär. Er wurde von einem Neuankömmling begleitet, den er mir als Goebbels vorstellte. Beide waren voll von der Verbrennung. Sie beschimpften die Kommunisten, die das Gebäude in Brand gesetzt hatten, und versuchten, mich von ihrem heiligen Recht zu überzeugen, die Kommunisten bis auf den letzten Mann auszurotten. Ich verfolgte dieselbe Taktik wie zuvor und äußerte keine Meinung. Sie antworteten nur auf meine Frage, wo und wann ich Hitler sprechen könne, nachdem sie mit ihrer Wut fertig waren. Der Führer würde mich am Abend um halb zwölf in der Fasanenstraße empfangen. Göring würde mich mit dem Auto abholen.

Hitler war sehr verärgert. Nur aufgebracht zu sein, würde für ihn bedeuten, dass jemand anderes hysterisch ist. Er war immer verärgert, im wahrsten Sinne des Wortes. Seine Begrüßung war kaum höflich. Er wütete über die Kommunisten, die den Reichstag angezündet hatten, er beschuldigte die Sozialdemokraten, bei dem Brand ihre Hand im Spiel gehabt zu haben, er rief das deutsche Volk an, als ob er Tausende vor sich hätte. Ich kann den ganzen Wutmonolog hier nicht wiedergeben, weil ich fast nichts davon behalten habe. Er hatte keine Kohärenz. Er fuhr eine volle halbe Stunde fort, bevor er sich an den Tisch setzte und eine mehr oder weniger kontrollierte Diskussion mit mir begann, ständig unterbrochen von Anschuldigungen und Wut auf die Kommunisten.

Ich hatte keine Ahnung, wozu ich bei Hitler war. Die Situation war wie folgt. Carter hatte einen Brief von Hitler erhalten, in dem er ihn aufforderte, seinen ehemaligen Mittelsmann unverzüglich zu einem Treffen nach Deutschland zu schicken. Carter hatte mir den Brief gezeigt und mich nach meiner Zusage vor ein paar Monaten gebeten, sofort nach Berlin zu fahren. Nun saß ich vor Hitler, hatte aber keine Ahnung, was er mich fragen oder sagen würde. Ich wartete in aller Ruhe.

„Ich möchte Sie über die Fortschritte in unseren Reihen informieren. Seit 1931 hat sich die Größe unserer Partei verdreifacht. Es gibt Abteilungen, in denen die Zahl der Arbeitslosen die Zahl der Beschäftigten bei weitem übersteigt. Verschiedene

Wahlkämpfe haben unsere Mittel aufgezehrt. Jetzt, wo wir kurz vor dem Wahlsieg stehen, musste ich in der Partei aufräumen. Bestimmte Elemente, auch in führenden Positionen, waren unzuverlässig. Aber das ist jetzt alles vorbei. Jetzt geht es darum, unseren letzten Schritt erfolgreich zu gehen. Die Kommunisten haben mit dem Reichstagsbrand ihre letzte Karte ausgespielt. Die Sozialdemokraten sind bei unserem letzten Angriff schwieriger zu besiegen gewesen. Außerdem dürfen wir die deutschen Nationalisten nicht vergessen, und die haben Geld. Wir können mit unseren Truppen nicht in Berlin einmarschieren, denn obwohl wir uns der Reichswehr sicher fühlen, sind wir uns nicht sicher, was die allgemeine Bevölkerung betrifft, besonders im Norden und im Judenviertel. Wir haben einen Ring um Berlin gezogen und ich habe drei Viertel der Truppenstärke unserer Partei in diesem Ring konzentriert. Nur noch ein paar Tage, dann ist der große Tag da, der Wahltag. Wir müssen diese letzte Initiative gewinnen. Entweder durch Wahlen oder durch Gewalt. Für den Fall, dass die Wahlen ungünstig ausgehen, steht mein Plan fest: Hindenburg, sein Sohn, von Schleicher, von Papen und Bruning werden verhaftet und gefangen gehalten. Wir werden auch die sozialdemokratischen Führer gefangen nehmen. Alles ist bis ins kleinste Detail durchgerechnet. Aber die Hälfte unserer Sturmabteilungen hat nur Knüppel, und die Truppen haben altmodische Karabiner. Nahe der deutschen Grenze in Belgien, Holland und in Österreich gibt es riesige Waffenvorräte. Die Schmuggler geben keinen

Kredit. Sie verlangen skandalöse Preise. Natürlich wissen sie, was hier passiert und sind auf alle Eventualitäten vorbereitet. Mit diesen Kerlen kann man nicht verhandeln. Sie wollen bares Geld, sonst nichts."

„Ich dachte, du wärst früher hier in Berlin, dann hätte ich alles genau berechnen können. Jetzt, im letzten Moment, müssen wir schnell handeln. Lange Diskussionen helfen nicht weiter. Was glauben Sie, was Ihre Geldgeber tun werden? Unser Geld ist weg. Werden Sie uns weiter unterstützen oder nicht? Vergessen Sie nicht, dass wir gegen Moskau, gegen die gesamte deutsche Schwerindustrie, gegen die katholische Kirche und gegen die Internationale kämpfen. Das sind keine zu unterschätzenden Feinde. Unsere Parteikasse ist kaum gestiegen, obwohl ich den Mitgliedsbeitrag auf zwei Mark und die Aufnahmegebühr auf eine Mark erhöht habe. Es gibt zu viele Arbeitslose, die wir umsonst unterhalten und die mit Uniformen und Waffen versorgt werden müssen. Auf dem flachen Lande ist es besser, dort haben unsere Leute Karabiner und Jagdgewehre. In den Städten ist es schwieriger. Was denken Sie? Wie viel werden uns deine Leute geben?" Ich konnte nicht antworten. Zumal ich auf diese Frage nicht vorbereitet war und sie vor meiner Abreise nicht mit Carter besprochen hatte.

„Ich habe kein Kalkül gemacht, wir hatten keine Zeit, und ich vertraue meinen Kollegen nicht mehr, bis auf wenige Ausnahmen. Unsere Partei ist in so kurzer Zeit so stark gewachsen, dass es für mich immer schwieriger geworden ist, die Führung komplett in meinen Händen zu behalten. Das ist auch unbedingt notwendig, denn zuverlässige Führer sind sehr selten. Die Monarchisten beginnen, sich auf unsere Seite zu schlagen. Jeden Tag schließen sich Mitglieder des Stahlhelms an, manchmal in Massen, und wir können nichts anderes tun, als sie willkommen zu heißen, aber wir müssen die Führer, die mit ihnen kommen, sehr streng kontrollieren. Ich traue in diesen Tagen niemandem, ich habe endlich persönlichen Kontakt zu Hindenburg aufgenommen. Das Gespräch war alles andere als angenehm, der alte Mann war sehr reserviert, aber ich tat so, als würde ich das nicht bemerken. Ich habe Zeit. Er wird früh genug wissen, mit wem er es zu tun hat. Wenn der Tag gekommen ist, wird er entweder mitspielen oder verschwinden. Ich gehe keine Kompromisse ein. Du bist doch kein Jude, oder? Nein, ich erinnere mich, Ihr Name ist deutsch, ja, deutscher Herkunft. Es ist besser für dich, in Deutschland mit einem deutschen Pass zu reisen. Goebbels kann sich darum kümmern. Du kennst ihn sicher. Er ist, zusammen mit Göring, einer meiner besten Partner. Von Heydt ist nicht mehr bei uns, das wissen Sie. Und von Pfeiffer auch nicht. Die Strassers sind lächerlich. Eine Meuterei in der SA gegen mich, eine Vollversammlung aller Gauleiter, und der Vorfall war vorbei. Stärke, schnelles Handeln, Kühnheit, das ist alles. Anstatt schnell zu handeln und nicht abzuwarten, haben die Strasser und ihre Leute sich im Geheimen vorbereitet und konspiriert, und ich war über alle ihre Aktivitäten informiert, als ich im letzten

Moment eingriff. Sie sind schwache Brüder, übermäßig politisiert, mit Manieren, die sie vom roten Pöbel übernommen haben. Was sagt man in Amerika über den Brand des Reichstags?" Offensichtlich hat er vergessen, dass ich schon hier war, als das Gebäude brannte. „Aber wir wissen, wer die Schuldigen sind. Wir können alles beweisen. Der Kommunist hat es angezündet, aber hinter ihm stehen sowohl Kommunisten als auch Sozialdemokraten. Sie werden es bereuen ..." Hitler hatte sich langsam wieder zu einer beängstigenden Laune aufgerichtet und ging nun im Zimmer auf und ab. Plötzlich rannte er zur Tür, riss sie weit auf und blickte in den Saal. Er begann zu wüten und jemanden zu beschimpfen, der auf der Treppe stehen musste. Aber ich konnte niemanden sehen. Ich weiß nicht, was er mit seinem Gebrüll bezwecken wollte. Zuerst dachte ich, er wolle verhindern, dass jemand auf dem Flur unsere Diskussion hört. Aber das war nicht der Fall, denn als er wieder in den Raum kam, wütete er weiter gegen die unsichtbare Person wegen etwas, das nicht klar war. Vielleicht war es die lange Wartezeit auf unwichtige Details, oder seine Unfähigkeit, seinen Untergebenen zu vertrauen.

Er setzte sich wieder hin und sagte zu mir: „Sie haben die Geldsumme noch nicht erwähnt." Es gibt Momente, in denen Hitler den Eindruck eines kranken Mannes macht. Es war immer unmöglich, ein normales Gespräch mit ihm zu führen. Manchmal waren seine Sprünge von A nach Z so hinderlich und so dumm, dass sein geistiges

Gleichgewicht zweifelhaft war. Ich glaube, er hat eine hypernervöse Natur. In den letzten Jahren war sein Geist mit einer einzigen Idee beschäftigt. Er hat unter ständiger Anspannung gelebt. Viele wären daran zerbrochen, aber Hitler scheint eine unglaublich starke Natur zu haben. Ich glaube aber nicht, dass er einen großen Verstand hat. Wenn ich versuche, alle Gespräche, die ich mit ihm geführt habe, zusammenzufassen, komme ich zu dem Schluss, dass er nicht intelligent ist, sondern ungewöhnlich egozentrisch und hartnäckig. Das ist, glaube ich, seine Stärke. Wir alle kennen in unseren Kreisen einen solchen Menschen, der, oft dumm und wenig entwickelt, für eine Idee oder einen Besitz alles opfert und entweder gewinnt oder daran zugrunde geht. So sehe ich auch Hitler. Ob er für ein Volk wie das deutsche ein Segen oder ein Fluch sein wird, wird nur die Zukunft zeigen, aber ich denke, das deutsche Volk ist das einzige auf der Welt, das einen Mann mit so großem Einfluss toleriert. Es gibt so viele Schwachstellen in seiner Person und seinem Verhalten, dass der Mann selbst und seine Partei in anderen Ländern längst verspottet und lächerlich gemacht worden wären. Da ich den Mann nach verschiedenen Gesprächen, die ich mit ihm geführt habe, kenne, verstehe ich jetzt auch, warum er nach seinem endgültigen Sieg nicht mehr toleriert werden kann, weder von deutschen noch von ausländischen Journalisten. Er ist in der Tat eine Gefahr für sich und seine Partei, weil er sich nicht beherrschen kann, alles preisgibt und ohne das geringste Zögern von seinen Plänen plappert. Das war mir schon bei unserem ersten Gespräch aufgefallen. Natürlich hatte ich die besten Referenzen, meine Identität war sicher, er konnte an jedem Detail erkennen, dass er es mit jemandem zu tun hatte, der die stärkste Finanzgruppe der Welt vertrat, aber für mich war es kein Beweis für sein staatsmännisches und politisches Gespür, so geradeheraus über seine geheimsten Absichten informiert zu werden.

Im Jahr 1933 war dies sicherlich weniger gefährlich als 1929 oder 1931. Aber in diesen beiden Jahren war er genauso offen zu mir wie 1933. Auch er konnte dem Judenproblem nicht aus dem Weg gehen. Das war für ihn die zentrale Frage, das Problem von größter Bedeutung für das deutsche Volk. Seine Ideen zu diesem Thema würde ein amerikanischer High-School-Schüler für lächerlich halten. Er leugnet absolut alle historischen Fakten, und ich glaube, er weiß nichts über den modernen Begriff der „Rasse".

Nach seiner Frage, oder eigentlich seinem Vorwurf: „Sie haben keine Summe genannt", begann er über das jüdische Problem zu sprechen, und bei Gott, er begann, das deutsche Problem mit dem Negerproblem in Amerika zu vergleichen. Das genügte mir, um mir ein Bild von Hitlers Verständnis und Einsicht zu machen. Beide Probleme sind in keiner Weise vergleichbar. Ich will Ihnen diese unsinnigen Vergleiche ersparen.

Es war bereits drei Uhr morgens und ich wusste immer noch nicht, was er eigentlich von mir wollte. So nutzte ich eine kleine Pause in seiner unzusammenhängenden Rede, um ihn zu fragen: „Sie sprachen von einer Geldsumme?"

„Ja, das ist das Problem. Wir haben nicht mehr viel Zeit. Das ist die Situation. Sind Ihre Geldgeber bereit, uns weiterhin zu unterstützen? Welchen Betrag können Sie für mich auftreiben? Ich brauche mindestens hundert Millionen Mark, um alles zu regeln und meine Chance auf den Endsieg nicht zu verpassen. Was meinen Sie?"

Ich habe versucht, ihm klarzumachen, dass von einer solchen Summe nicht die Rede sein kann, erstens, weil er bereits fünfundzwanzig Millionen erhalten hat, und zweitens, weil die Überweisung eines so großen Betrags in wenigen Tagen von New York nach Europa sicherlich die Börse stören würde. Hitler verstand dies nicht und sagte es auch direkt. Er war mit solch komplizierten Details im Bankwesen nicht vertraut. „Wenn man das Geld in Amerika hat, dann kann man es sicherlich nach Deutschland überweisen. Telegrafisch oder so, das scheint mir sehr einfach zu sein." Es war hoffnungslos und reine Zeitverschwendung, ihn über die internationalen Finanzen aufzuklären. Ich schloss mit dem Versprechen, meinen Geldgebern von unserem Gespräch zu berichten und dann abzuwarten, wie sie sich entscheiden würden.

„Sie werden doch telegrafieren, oder? Tun Sie es hier, dann wird Ihr Telegramm schneller bearbeitet. Code? Wir können Ihnen auch helfen, ich werde einfach für Sie telefonieren." Nun musste ich ihm erklären, dass ich mit Carter in einem Geheimcode korrespondierte, und er wollte wissen, ob niemand dieses Telegramm lesen könne, nicht einmal die Direktoren der Telegrafengesellschaft? Er war erstaunt und fand es schlimm, dass Privatpersonen einander telegrafieren konnten, ohne dass die Regierungen der verschiedenen Länder ihre Berichte entziffern konnten. Er gab zu, dass er von so etwas noch nie gehört hatte. Es war etwa halb fünf, als ich in mein Hotel zurückkam, und ich begann sofort, mein Code-Telegramm an Carter zu verfassen.

Es war sehr seltsam, die deutsche Presse in jenen Tagen zu lesen. Natürlich wurde einem gesagt, dass es noch sozialdemokratische und kommunistische Wochenzeitungen gäbe, aber der Hotelboy, den ich losschickte, um sie zu holen, kam immer mit den bekannten Berliner Zeitungen zurück. Der Brand des Reichstagsgebäudes wurde ausnahmslos für eine kommunistische Untat gehalten. Andere Meinungen konnte ich nie in Erfahrung bringen, selbst wenn sie verfügbar waren. Ich habe in Amerika und anderswo andere Erklärungen gelesen, aber wenn es stimmt, dass die Hitler-Partei bei dem Brand ihre Hand im Spiel hatte, dann ist Hitler der beste Schauspieler, den ich auf fünf Kontinenten kennen gelernt habe.

Göring und Goebbels sind fast genauso gut. Seine Wut, seine Raserei über die Verbrennung waren entweder völlig echt oder unglaublich gut inszeniert, und selbst jetzt, wenn ich an dieses

Gespräch denke, kann ich noch den Einfluss dieser wilden Gefühle spüren. In jenen Tagen bemerkte ich eine weitere seltsame Sache in Berlin. An Straßenecken und Plätzen sah ich oft zehn oder zwanzig braune Uniformierte mit Hakenkreuzen im Kreis stehen. Eine Viertelstunde lang schrien sie: „Räumt die Gülle weg! Wählt nationalsozialistisch!" Dann gingen sie weiter, bildeten einen weiteren Kreis und schrien: „Das letzte Ei, das die Juden gelegt haben, das ist die Deutsche Staatspartei!" Um die Mittagszeit sah ich aus meinem Hotelfenster vierzig braune Uniformierte im Kreis stehen, eine halbe Stunde lang brüllten sie in gleichbleibendem Rhythmus:

Proletarier, wach auf!
Wenn man für die Freiheit der deutschen Arbeit kämpft
ist das, was Sie wollen,
Wenn Brot für Frau und Kind
ist das, was Sie wollen,
Dann verteidige dich, verteidige dich
Arbeiter mit Geist und Faust
Abstimmungsliste Neun.

Ich musste immer an Hitler denken, wenn ich diese Leute sah. In Berlin nannte man sie die Propaganda-"Sprechchöre".

Alles Hitler. Kurze Sätze. Einfach sprechen, schreien, brüllen, ohne dass jemand protestiert. Keiner konnte zu Wort kommen. Sicherlich eine neue Propagandamethode. Man hat hierzulande neue Methoden auf dem Gebiet der

Wahlpropaganda entdeckt, aber ich habe noch nie etwas gesehen, das so suggestiv ist, etwas, das eine solche Wirkung auf die Massen hat, und die erste Partei, die es anwendet, bekommt natürlich die Kontrolle über die Straßen, denn selbst wenn eine andere Partei einen Sprechchor in der gleichen Gegend abhält, kommt es zu einem Handgemenge - es kann nicht anders sein.

Der Rhythmus und die ständige Wiederholung der gleichen Worte versetzen die Sprecher in eine Art Ekstase, und in dieser Ekstase sind sie zu allem fähig. Ich habe diese braunen Menschen gesehen, wie sie über die Köpfe der Menge hinweg nach oben schauen, als sähen sie eine bessere Welt, und sie schwelgen in diesem Bild. Die Ekstase war ihnen förmlich ins Gesicht geschrieben. Kann ein Mensch in Ekstase noch logisch denken? Das müssen sich Psychologen fragen. Gestern habe ich irgendwo in einer Dissertation gelesen, dass Faschismus und Nationalsozialismus eine Krankheit sind, vielleicht eine Krankheit der Seele. Aber ich schweife nur ab.

Carter telegrafierte mir, dass er höchstens sieben Millionen Dollar zur Verfügung stellen könne, d.h. fünf Millionen würden von New York nach Europa an die angegebenen Banken überwiesen und zwei Millionen würden von der Rhenania Joint Stock Co. persönlich an mich in Deutschland ausgezahlt. Rhenania ist die deutsche Niederlassung der Royal Dutch in Düsseldorf. Ich schickte diese Antwort an Hitler und wartete ab. Am nächsten Tag wurde Goebbels sehr früh am Morgen angekündigt. Er brachte mich in die Fasanenstraße.

Hitler empfing mich im selben Raum, Göring war bei ihm. Das Gespräch war sehr kurz. Fast abrupt. Ich hatte den Eindruck, dass die drei Männer mit den Vereinbarungen nicht zufrieden waren und dass sie sich zwingen mussten, nicht gegen mich zu wettern. Aber es ging alles gut. Hitler bat mich, die fünf Millionen Dollar wieder an die Banca Italiana in Rom zu überweisen, und Göring würde mich begleiten. Die zwei Millionen sollten in fünfzehn gleichwertigen Schecks in deutschem Geld überwiesen werden, alle auf Goebbels' Namen. Das Treffen war damit beendet. Ich reiste ab.

Ich habe meinen Auftrag bis ins kleinste Detail genau ausgeführt. Hitler ist der Diktator des größten europäischen Landes. Die Welt hat ihn nun mehrere Monate lang bei der Arbeit beobachtet. Meine Meinung über ihn bedeutet nichts mehr. Seine Taten werden beweisen, ob er böse ist, und ich glaube, er ist es. Um des deutschen Volkes willen hoffe ich von Herzen, dass ich mich irre.

Die Welt leidet weiterhin unter einem System, das sich einem Hitler beugen muss, um sich auf den Beinen zu halten.

Die arme Welt, die arme Menschheit!

Für originalgetreue Übersetzung, Zürich, 11. Februar 1947
Rene Sonderegger

Epilog

Der vorstehende Bericht erschien in der Zeit nach der Datierung des Vorwärts, nach Oktober 1933 (als niederländische Übersetzung des englischen Originals) in Form eines neunundneunzigseitigen Buches, das von einem alten, angesehenen, noch existierenden Unternehmen in Amsterdam herausgegeben wurde. Dieses Buch erreichte jedoch keine breite Öffentlichkeit, da es nach kurzer Zeit für immer vom Buchmarkt verschwand, falls es überhaupt jemals öffentlich zum Verkauf angeboten worden war. Nur vereinzelte Exemplare scheinen in die Hände einer dritten Person gelangt zu sein. Die Existenz des Buches wird nicht bestritten. Was bestritten wird, ist seine Authentizität. Die Firma erklärt, dass es sich bei diesem Buch um eine große Fälschung handelt:

Der Übersetzer Schoup kam mit einem Originalbrief von Warburg zu uns, so dass wir sowohl das Buch als auch seinen Autor für echt hielten. Nach dem Erscheinen des Buches erfuhren wir aus verschiedenen Quellen, dass ein Mr. Sidney Warburg aus dem Hause Warburg in New York nicht existierte und dass das Buch eine massive Täuschung war. Wir haben sofort alle Exemplare aus dem Buchhandel zurückgerufen und die gesamte Auflage vernichtet. Wir wissen nicht, ob Schoup noch lebt: Leider wurde er nie verfolgt.

Der vorstehende deutsche Text ist die wortgetreue Übersetzung der niederländischen Buchausgabe.

Heute, Ende 1946, dreizehn Jahre nach 1933, nach dem Zweiten Weltkrieg und dem Untergang des Dritten Reiches, nach der völligen Unterwerfung des deutschen Volkes und nach den Nürnberger Prozessen gegen die ranghöchsten überlebenden Naziführer und angesichts des drohenden Dritten Weltkrieges, fühlen wir uns verpflichtet, diesen Text ungekürzt und unbearbeitet zu veröffentlichen, um einer genauen Analyse seines Inhalts und seiner Herkunft den Weg zu ebnen.

Es ist möglich, dass dieser Bericht gefälscht ist und dass sein Inhalt im Wesentlichen unwahr ist. Es ist möglich, dass der Bericht gefälscht ist, aber sein Inhalt im Wesentlichen wahr ist. Es ist möglich, dass der Bericht eine Mischung aus Fiktion und Wahrheit darstellt. Es ist aber auch möglich, dass der Bericht echt ist, oder dass er im Wesentlichen echt ist, aber mehrere Täuschungen enthält, die gegen seine Echtheit sprechen. Alles ist möglich. Es ist wichtig, die Wahrheit über Inhalt und Herkunft festzustellen.

Wir stellen uns die Frage nach dem Wahrheitsgehalt des Berichts. Welche Beweise gibt es dafür, dass es sich um eine Fälschung handelt, d.h. dass sein Inhalt im Wesentlichen falsch ist? Wenn er falsch ist, in wessen Interesse und von wem wurde diese Fälschung erstellt? Kann nachgewiesen werden, dass der Inhalt des Berichts im Wesentlichen authentisch, also wahr ist? Lässt sich feststellen, was in dem Bericht wahr und was falsch ist?

In jedem Fall kann nachgewiesen werden, dass der Bericht authentisch und wahr ist, dass seine Echtheit und Richtigkeit nicht unmittelbar bestritten werden kann. Dieser Beweis wird durch die folgenden uns zur Verfügung stehenden Fakten erbracht. Der Bericht nennt viele konkrete, allgemein bekannte Vorkommnisse und Fakten, die relativ leicht zu überprüfen sind.

Es wird angenommen, dass es sich bei Sidney Warburg um den New Yorker Bankier und Schriftsteller James Paul Warburg handelt, den Sohn von Paul Warburg, der unter Wilson Außenminister war. Sidney kann ein Pseudonym sein. James P. Warburg wurde 1896 in Hamburg geboren. Im Jahr 1902 kam er mit seinem Vater nach Amerika. Als junger Mann soll er mehrere Jahre im Geschäft seines Onkels in Hamburg verbracht haben, das in dem Bericht auf S. 6 erwähnt wird. Zur Zeit seiner angeblichen Reisen nach Deutschland war er 33 bis 37 Jahre alt. James P. Warburg war ein amerikanischer Delegierter auf der Londoner Weltwirtschaftskonferenz 1933, die auf S. 4 erwähnt wird. James P. Warburg hat viel über Wirtschaft und Politik geschrieben. So erschien 1940, nach vielen Vorgängern, ein Buch von ihm mit dem Titel Peace In Our Time?, ein Jahr später ein weiteres, Our War and Our Peace, 1944 ein weiteres, Foreign Policy Begins at Home. 1942 erschien ein Buch mit Versen von ihm unter dem Titel Man's Enemy and Man. Ferdinand Lundberg bezeichnet ihn in seinem bekannten Buch America's Sixty Families als „politisch aggressiv". James P. sollte die Urheberschaft des ihm zugeschriebenen Berichts bestreiten. Die amerikanischen Warburgs stammten aus der alten Hamburger Bankiersfamilie Warburg. Felix Moritz Warburg, der Förderer des Zionismus, wurde 1871 in Hamburg geboren, ging 1894 in die U.S.A. und heiratete dort 1895 eine Tochter von Jacob Schiff aus dem Bankhaus Kuhn, Loeb und Co. Felix hatte vier Söhne, die eventuell als Autoren des Berichts in Frage kommen können, wenn der Nachweis der Warburg-Autorenschaft tatsächlich stimmt. Der Fall ist jedoch unwahrscheinlich, da nichts sie für diese Rolle zu prädestinieren scheint. Paul Moritz Warburg, Vater seines einzigen Sohnes James Paul, wurde 1868 in Hamburg geboren, heiratete 1895 eine Tochter von Salomon Loeb aus dem Bankhaus Kuhn, Loeb & Co. und ließ sich, wie bereits erwähnt, 1902 in den USA nieder. Relativ kurze Zeit später saß er in Wilsons Regierung. Der älteste Bruder von Paul und Felix, Max M. Warburg, wurde 1867 in Hamburg geboren und blieb Leiter der Hamburger Firma. Mit der Einheirat der Warburgs in die New Yorker Bank Kuhn & Loeb wurden die Warburgs zur wichtigsten jüdischen Finanzmacht.

Der Warburg-Bericht enthält mehrere Ungenauigkeiten und Fehler, die auf den ersten Blick die Zweifel an seiner Authentizität verstärken. Wir möchten auf diese Stellen hinweisen. Auf S. 2 will der Autor „kurz den Zustand der amerikanischen Finanzen im Jahre 1929 beschreiben". Doch dann verweist er auf Ereignisse in den Folgejahren. Die Auflösung der Darmstädter und der Nationalbank, der Nordwolle-Crash, die Krise der österreichischen Kredit-Anstalt fanden alle 1931 statt, die Auszahlung der Young-Obligations im Jahr 1930. Die Höhe der ausstehenden Auslandskredite der USA wird mit 85 Milliarden Dollar angegeben. Diese Zahl ist viel zu hoch. Tatsächlich betrugen die ausstehenden amerikanischen Kredite im Ausland nur 18 Milliarden Dollar.

Der Titel lautet Drei Gespräche mit Hitler. Auf S. 5 spricht der Autor von „vier Gesprächen". Es gab genau drei Reisen und fünf separate Gespräche mit Hitler.

Auf S. 24 lautet das Antworttelegramm von Carter: „Erklären Sie den Menschen, dass ein solcher Transfer (von 200 bis 500 Millionen Mark) nach Europa den Finanzmarkt erschüttern wird. Völlig unbekannt auf internationalem Gebiet." Auf S. 38 schreibt der Autor, dass „die Überweisung eines so großen Betrages in wenigen Tagen (hundert Millionen Mark) von New York nach Europa sicherlich den Aktienmarkt stören würde." Ohne allzu viel über diese Finanztransaktionen zu wissen, erscheint uns diese Befürchtung unwahrscheinlich.

Auf S. 30 erwähnt der Autor, dass die Nazis am 14. September 1932 107 Abgeordnete im Reichstag erhalten hätten. Das ist falsch. Die Nazis erhielten am 14. September 1930 107 Abgeordnete im Reichstag, 1932 hatten sie schon viel mehr. Auf der gleichen Seite schreibt der Autor: „Mein Großvater kam vor neunzig Jahren nach Amerika, mein Vater wurde dort geboren." Der Vater des angeblichen Autors, Paul Warburg, wurde in Hamburg geboren und ließ sich 1902 mit seiner Familie in den USA nieder.

Die auf S. 32 beschriebene Nazikundgebung bezieht sich auf die Breslauer Wahlkundgebung am 1. März 1933. Sie fand also nach dem Reichstagsbrand und nach den Gesprächen Warburgs mit Hitler statt. Der Autor muss den Bericht auf seiner Rückreise von Berlin gelesen haben, nicht auf dem Hinweg.

Auf S. 34 liest der Autor in einer deutschen Zeitung im Februar 1933, dass „von Pfeiffer von Hitler entlassen worden war und dass (Gregor) Strasser kaltgestellt worden war, weil sein Bruder (Otto) zur Meuterei unter den Sturmabteilungen angestiftet hatte." Auf S. 37 lässt er Hitler zur gleichen Zeit sagen: „Von Pfeiffer ist nicht mehr bei uns. Die Strassers sind lächerlich. Eine Meuterei in der SA gegen mich, eine Vollversammlung aller Gauleiter, und der Vorfall war erledigt." Der Leser bekommt den Eindruck, dass die Fälle von Pfeiffer und Otto Strasser erst kürzlich stattgefunden haben. Stattdessen ereigneten sie sich im Jahr 1930. Es ist jedoch möglich, dass sie danach wirksam wurden und im Zusammenhang mit der Gregor-Strasser-Krise Anfang Dezember 1932 erneut erwähnt wurden.

Der vielleicht offensichtlichste Fehler findet sich auf S. 34, wo der Autor schreibt, dass Hitler bereits in die Regierung aufgenommen wurde, aber noch nicht Reichskanzler ist. Auch der Text auf S. 35 impliziert, dass im Februar 1933 nach Ansicht des Autors von Papen, noch nicht Hitler, Kanzler ist. Aus einem Satz auf S. 24 („Wir sollten nicht vergessen, dass Hitler 1931 noch nicht Reichskanzler war, sondern nur Führer einer starken politischen Partei") kann man schließen, dass der Autor beim Verfassen des Berichts im Sommer 1933 weiß, dass Hitler Kanzler ist. Das Gleiche lässt sich aus der Formulierung auf S. 38 „nach seinem Endsieg" ableiten. Jedes Schulkind in Europa wusste 1933, dass Hitler sofort mit seinem Eintritt in die Regierung Ende Januar 1933 Reichskanzler wurde und dies bis zu seinem Tod blieb. Vielleicht hat die lebhafte und genaue Erinnerung des Autors daran, dass Hitler zunächst nur nominell Reichskanzler war, dass von Papen & Co. die tatsächliche Macht nicht abgeben wollten und dass der Machtkampf innerhalb der Regierung, den der Autor aus nächster Nähe miterlebte, bis zur ersten totalen Machtergreifung Hitlers im Sommer 1933 andauerte, zu diesem Irrtum beigetragen. Überhaupt wird die Spannung des deutschen Machtkampfes im Februar 1933 vom Autor völlig richtig beschrieben.

Es ist möglich, dass der Bericht weitere Fehler und Ungenauigkeiten wie diese enthält. Es ist jedoch zweifelhaft, dass sie für die Fälschung des Berichts als Ganzes sprechen. Wenn wir annehmen, dass der Bericht gefälscht ist, dann stammt er von einem sehr geschickten Fälscher, der einen tiefen Einblick in die tatsächlichen Gegebenheiten hat. Ein so geschickter Fälscher würde sich keine plumpen Fehler wie den des Reichskanzlers oder die falsche Angabe der Zahl der Delegierten erlauben, die den Leser von Anfang an misstrauisch machen könnten. Vielleicht wurden einige dieser Fehler absichtlich gemacht, um die Urheberschaft notfalls leugnen zu können, wie z.B. die Annahme, die Familie des Autors sei seit 90 Jahren in den USA. Tatsächlich sprechen diese Fehler und Oberflächlichkeiten eher für die Echtheit als für eine Fälschung. Ein amerikanischer Bankier, der zum Kreis der Weltmänner gehört und sich gleichzeitig nicht in innereuropäischen Angelegenheiten verliert, dreht und wendet nicht jedes Wort siebzehnmal, bevor er es niederschreibt, wie es ein deutscher Professor tun würde. Er schreibt aus dem Stegreif, frei aus dem Gedächtnis, ungehindert durch größere oder kleinere Genauigkeiten in Nebenfragen. Solange die Hauptpunkte klar und deutlich hervortreten, und das tun sie unbestreitbar. Schließlich enthält der Bericht nicht nur diese und vielleicht noch andere Fehler, sondern auch eine große Zahl, eine Mehrheit von richtigen und belegbaren Aussagen. Darüber hinaus enthält er viele tiefgründige und ausgezeichnete Beobachtungen, die beweisen, dass der Autor kein gewöhnlicher Schuster ist, sondern ein belesener, erfahrener und kenntnisreicher Geist mit Einsichten, die nur entweder durch eine hohe theoretische Ausbildung oder durch gesammelte persönliche Erfahrungen auf höchster Ebene erklärbar sind. Der Bericht enthält Vorhersagen, die 1933 unwahrscheinlich klangen, aber durch die Ereignisse seither bestätigt wurden. Schließlich gibt es ein erstaunliches Eingeständnis von einem, der dabei war. Natürlich konnte Goebbels seine große Klappe nicht halten. So schreibt er in seiner Molkerei „Vom Kaiserhof zur Reichskanzlei" am 20. Februar 1933: „Wir sammeln eine große Summe für die Wahl (Reichstagswahl am 5. März 1933), die alle unsere finanziellen Probleme auf einen Schlag beseitigt." Auch wenn wir natürlich nicht wissen, ob sich Goebbels' Jubelruf auf das angeblich von Warburg zu überweisende amerikanische Geld bezieht, ist das zeitliche Zusammentreffen beider Ereignisse dennoch bemerkenswert.

Der Warburg-Bericht macht in seiner Gesamtheit einen äußerst seriösen Eindruck, echt, lebendig und unglaubwürdig. Die Schilderungen Hitlers und der Inhalt seiner Gespräche wirken besonders authentisch und wahr, sie stimmen mit allem überein, was wir sonst über das Thema wissen. Nachdem die Fehler aufgezeigt wurden, werden einige besonders relevante Fakten genannt und kommentiert.

Der Hinweis im Vorwort auf den Konflikt innerhalb des Kapitalisten, die Mischung aus Ehrlichkeit, Anstand und Korruption, beweist von Anfang an ein großes Bewusstsein, denn Marx sprach in Das Kapital klar von dieser wirtschaftlichen Rolle, der Doppelrolle des Kapitalisten.

Der große Geschäftsmann, der sich von keiner Phrase täuschen lässt, erscheint in kurzen, knappen Sätzen wie:

Geld ist Macht. Der Bankier versteht es, sie zu konzentrieren und zu verwalten. Der internationale Bankier betreibt internationale Politik...Wer versteht, was sich in den letzten Jahren hinter dem Wort „national" verbarg und noch immer verbirgt, weiß auch, warum sich der internationale Bankier aus der internationalen Politik nicht heraushalten kann. (p. 3)

Die amerikanische Bankenwelt war von Wilson nie begeistert gewesen. Bankiers und Finanziers hielten seinen Idealismus für gut genug für die Studie, aber ungeeignet für die praktische, internationale Geschäftswelt. (p. 4-5)

Suchen Sie die Erklärung in Werken über politische Ökonomie, in Beispielen praktischer, internationaler Ökonomie, in dicken Büchern über das Thema, die viel Blödsinn enthalten, alle verraten einen völligen Mangel an Einsicht in die Realität. Politische Ökonomen sind in erster Linie

Akademiker. (p. 6-7)

Hat er nicht Recht?

**Carter und Rockefeller
dominierten das Verfahren.**

Carter ist Morgans Vertreter. Guaranty Trust gehört zur Morgan-Gruppe. Morgan und Rockefeller, die ungekrönten Könige der Welt, geben die Befehle und halten die Hitlers mit ihren Millionen wie Marionetten an einer Schnur. Carter (Vater und Sohn) sind offizielle Persönlichkeiten in der Führung der Morgan-Bank in Paris, die eine sehr große Rolle bei der Finanzierung des Ersten Weltkriegs und bei der Regelung der Schulden und Reparationen in der Zwischenkriegszeit spielte. Ist der hier erwähnte Mann vielleicht identisch mit dem 1865 geborenen John Ridgley Carter, der 1887 eine Alice Morgan heiratete, bis 1911 dem amerikanischen diplomatischen Dienst angehörte und seit 1912 der Leitung der Morgan Bank in Paris angehört? Das passt ganz gut.

Auf S. 9 sagt Hitler: „Wir können noch nicht mit der Sympathie der Großkapitalisten rechnen, aber sie werden uns unterstützen müssen, wenn die Bewegung mächtig geworden ist."

Nach anderen weit verbreiteten Meinungen sind diese Aussagen völlig korrekt. Hitler erhielt die ersten großen Geldsummen von ausländischen Kapitalisten wie Ford, Deterding, usw.

Wohlhabende deutsche Kapitalisten behandelten ihn lange Zeit mit Zurückhaltung. Erst als er bereits an die Macht gekommen war, folgte ihm die Mehrheit. Aber es war entscheidend das ausländische Kapital, das Hitler gemacht hat.

Die außenpolitischen Ansichten, die Hitler 1931 laut dem Bericht von 1933 vertrat, wurden durch die späteren Ereignisse bestätigt, wie übrigens auch seine anderen Vorhersagen. Seine Vorhersage des russischen Paktes ist die erstaunlichste von allen. Auf S. 20 sagt Hitler 1931:

Das deutsche Volk muß völlig autark sein, und wenn es mit Frankreich allein nicht geht, dann werde ich Rußland einschalten. Die Sowjets können unsere Industrieprodukte noch nicht vermissen. Wir werden Kredit geben, und wenn ich nicht in der Lage bin, Frankreich selbst zu deflationieren, dann werden mir die Sowjets helfen.

Das erschien Warburg damals völlig verrückt. Deshalb fügte er auch sofort hinzu:

Ich muss hier eine kleine Bemerkung machen. Als ich in mein Hotel zurückkehrte, habe ich dieses Gespräch Wort für Wort aufgeschrieben. Meine Notizen liegen vor mir, und ich bin nicht verantwortlich für ihre Inkohärenz oder Unverständlichkeit. Wenn Sie seine Ansichten zur Außenpolitik für unlogisch halten, ist das seine Schuld, nicht meine.

Fälschung!?!

Hitlers Bewertung der deutschen „Kommunisten" auf S. 22 ist treffend:

Die besten Leute hier in Berlin sind Kommunisten, ihre Führer beklagen sich in Moskau über ihre schlechte Lage und fordern Hilfe. Aber sie begreifen nicht, dass Moskau nicht helfen kann. Sie müssen sich selbst helfen, sind aber zu feige dazu.

Die Position der jüdischen Kapitalisten gegenüber Hitler und seinem Antisemitismus, wie sie in dem Bericht beschrieben wird, ist auch durch andere Quellen belegt.

Ich hatte ein Gespräch mit einem Bankdirektor in Hamburg, den ich in der Vergangenheit gut gekannt hatte. (Sehr wahrscheinlich Warburgs Onkel) Er war von Hitler ziemlich angetan... Es fiel mir schwer, seine Meinung ernst zu nehmen, denn er war Jude. Ich brauchte eine Erklärung, also fragte ich ihn, wie es möglich sei, dass er als Jude mit Hitlers Partei sympathisiere. Er lachte. „Hitler ist ein starker Mann, und das ist es, was Deutschland braucht." (p. 18)

Ich stellte erneut meine Frage, wie mein Informant als Jude Mitglied der Hitlerpartei sein konnte. Er wischte die Frage mit einer Handbewegung beiseite. „Mit Juden meint Hitler die galizischen Juden, die Deutschland nach dem Krieg verseucht haben."

Warburgs komisches Entsetzen, als Hitler zu Recht die Judenfrage in Deutschland mit der Negerfrage in Amerika verglich, ist ebenso glaubhaft (S. 38)

Ein wichtiger Tatsachenbereich, der die reale Möglichkeit der Echtheit des Warburg-Berichts durch Analogieschluß hinreichend stärken kann, betrifft zahlreiche, unbestrittene Aussagen über die moralische, politische und finanzielle Unterstützung und Förderung Hitlers und des deutschen Nationalsozialismus durch ausländische und insbesondere amerikanische Kapitalisten, die in der Literatur dieser Zeit verstreut sind.

Als erstes sei hier der Fall Henry Ford genannt. Der amerikanische Auto-Mobil-König war in den zwanziger Jahren als der reichste Mann der Welt bekannt. Anfang der zwanziger Jahre unterhielt er ein offenes, bekanntes Bündnis mit den deutschen Antisemiten als deren Schutzpatron, unterstützt durch das von ihm illustrierte und von weißrussischen Antisemiten verfasste Buch Der internationale Jude. Dieses Buch erschien auf Deutsch im antisemitischen Hammer-Verlag. In einer Verlagsankündigung schreibt er:

Dieses Buch hat längst seinen Platz im Arsenal eines jeden geistig wachen deutschen Menschen eingenommen. Keine andere Veröffentlichung von ähnlichem Umfang, die die Judenfrage mit intellektuellem Verstand behandelt, kann eine größere Verbreitung beanspruchen.

Am 19. Januar 1923 berichten die Hasler Nachrichten: Henry Ford ist vielleicht der größte Antisemit unserer Zeit.

Am 13. September 1923 schreibt die Judische Pressenzentrale Zürich:

Die antisemitische Internationale organisiert sich selbst. Wie der JOB-Vertreter feststellte, begann diese (antisemitische) Agitation (in der Tschechoslowakei) vor etwa zwei Jahren: unmittelbar nach den Verhandlungen, die Henry Ford mit deutschen Politikern in der Tschechoslowakei führte. Die Art der Agitation, die in der Tschechoslowakei stattfindet, verstärkt den Verdacht, dass es eine zentrale Stelle für internationale antisemitische Propaganda gibt, die systematisch, nach einem bestimmten Plan, eine antisemitische Weltbewegung anzustacheln versucht.

Am 9. November 1923, kurz nach Hitlers Bierhallenputsch, schrieb die Wiener Arbeiter-Zeitung, es sei „bekannt, dass Henry Ford große Summen ausgibt, um die antisemitische Bewegung in Europa zu schüren".

Die Judische Pressenzentrale Zürich berichtete am 24. März 1924: - „Angriffe auf Henry Ford im amerikanischen Kongress".

In einer der letzten Sitzungen des Kongresses hielt der Kongressabgeordnete La Guardia eine scharfe Rede, in der er Henry Ford angriff und ihn beschuldigte, in Europa Antisemitismus zu verbreiten. La Guardia erklärte: „Henry Fords Reichtum und seine Unwissenheit haben es böswilligen Menschen ermöglicht, eine abscheuliche Kampagne gegen die Juden zu führen. Das ist nicht nur in Amerika so, sondern in der ganzen Welt. Diese unmenschliche, unchristliche und bösartige Kampagne hat die anderen Ufer des Ozeans erreicht und wir sehen ihre Folgen in den Pogromen an unschuldigen, hilflosen Juden in verschiedenen Teilen Europas. Widerlegen Sie dies, wenn Sie können!"

Am 25. April 1924 schrieb Crispin im Berliner Vorwarts unter der Überschrift: „Ludendorff und die Juden". -

Um Ludendorffs Charakterprofil zu vervollständigen, soll die Quelle seiner Weisheit über die Juden offengelegt werden. Die Quelle seiner Weisheit ist nach seiner eigenen Aussage das Buch, das unter dem Namen von Ford in Umlauf gebracht wurde: Der internationale Jude.

1927 erschien ein Angriff gegen die Antisemiten von C.A. Loosely: „Die bösen Juden!" Der Autor polemisiert vor allem gegen die beiden literarischen Führer des Antisemitismus, Ford und Rosenberg. Er verwendet die Ausdrücke „Ford und seine Hakenkreuzbündler" (S. 57), „die deutschen

Antisemiten im Bunde mit Ford" (S. 60), „Mr. Ford und Mr. Rosenberg" (S. 33).

Das Folgende erschien in Upton Sinclairs Buch über Ford, den Automobilkönig, das 1938 auf Deutsch im Malik-Verlag, London, erschien:

Der ehemalige Herausgeber des Dearborn Independent (der Ford gehörte), der den antisemitischen Artikel geschrieben hatte, war nun Fords Privatsekretär und Pressechef und kontrollierte seine gesamte Öffentlichkeitsarbeit. William J. Cameron hatte seine Ansichten nicht ein Jota geändert; im Gegenteil, er stand in Kontakt mit zahlreichen antisemitischen Agenten in der ganzen Welt und brachte sie mit Henry Ford in Verbindung... Fords Millionen umgaben ihn wie einen Gefangenen mit Nazi-Agenten und faschistischen Verleumdern. Sie hatten bereits begonnen, ihn zu bearbeiten, als die Hitler-Bewegung noch jung war, und hatten von ihm 40.000 Dollar für eine deutsche Ausgabe der antisemitischen Broschüre erhalten, wobei die Namen von Hitler und Ford gemeinsam im Prospekt auftauchten. Später schloss sich ein Enkel des Ex-Kaisers mit Ford zusammen, und durch seine Hilfe flossen 300.000 Dollar in die Nazi-Partei. Henry Ford hatte riesige Fabriken in Deutschland, und es war kein utopischer Idealismus, der ihn veranlasste, die Streiks in diesem Land zu bekämpfen. - Dann kam Fritz Kuhn ins Spiel, Hitlers wichtigster Agent in Amerika, der uniformierte Leiter des Deutsch-Amerikanischen Bundes, einer halbmilitärischen

Organisation. Er verlegt sein Hauptquartier nach Detroit und erhält einen Posten in den Laboratorien der Ford-Werke. Eine neue antisemitische Kampagne wurde gestartet, und in den Ford-Werken wimmelte es von Nazis. (p. 248-249)

Die deutsche Hitler-Bewegung wuchs und erstarkte ab 1920 unter direkter, offener und enger Beteiligung von Ford. Erst als Fords öffentliche Unterstützung nicht mehr notwendig war, distanzierte er sich vom Antisemitismus. Er unterstützte Hitler jedoch weiterhin. Dieser verlieh ihm nach seiner Machtübernahme einen Orden. Das „Volksrecht" berichtete am 19. September 1945:

Die Ford-Werke werden beschuldigt, die Nazis regelmäßig zu beliefern. Der Korrespondent der Agentur TASS in New York berichtet: „In Deutschland entdeckte Dokumente sowie gründliche Untersuchungen haben bewiesen, dass die amerikanische Ford Co. Kriegsmaterial für die Nazis produzierte und die deutsche Rüstung vor und während des Krieges bis 1944 unterstützte. Vor Pearl Harbor genehmigte Henry Ford selbst die Verträge zwischen seinen Fabriken und der Hitler-Regierung...1939 soll ein Geschenk von 50.000 Mark von Vertretern der Ford-Werke an Hitler übergeben worden sein."

Der amerikanische Ursprung des europäischen Faschismus wird auch in einem Bericht der Judischen Pressezentrale Zürich vom 22. Dezember 1922 deutlich:

Einer der Führer des Ku-Klux-Klan erklärte in einem Gespräch mit Journalisten, dass der KKK alle Vorbereitungen getroffen habe, um sich zu einer Weltorganisation auszuweiten ... in kürzester Zeit würde eine Zweigorganisation in Kanada gegründet werden, während gleichzeitig vertrauenswürdige Agenten nach Europa geschickt würden, um in verschiedenen europäischen Ländern eine KKK-Organisation aufzubauen. Es würde nicht lange dauern, und die Bewegung würde die ganze Welt umfassen.

Der europäische KKK hat sich in Form des Faschismus und des Nationalsozialismus entwickelt.

Die Vorkommnisse in Bayern im Jahr 1923 liefern sehr interessante und wichtige Informationen über die ausländischen Finanzquellen der Nazis. Ausländische Impulse und Interessen, die hinter den Nationalsozialisten standen, sind in den Anfängen der Bewegung leichter auszumachen, weil sie damals noch nicht so ausgeprägt waren und die Methoden der Verschleierung noch nicht so weit entwickelt waren. Die Ereignisse in Bayern beweisen, dass ausländische Mächte und Interessen von Anfang an in die faschistische Bewegung involviert waren und sie nach ihren Wünschen lenken wollten.

Im März 1923 wurde eine monarchistische Machtübernahme in Bayern durch Fuchs, Machhaus

& Co. versucht. Die Wiener Arbeiter-Zeitung schreibt am 24. Juni 1923:

Der Prozess (gegen Machhaus & Co.) hat zunächst mit völlig unumstößlichen Beweisen die Finanzierung der faschistischen Bewegung durch die französische Regierung festgestellt. Es wurde unwiderlegbar bewiesen und von allen Zeugen bestätigt, dass der französische Agent Richert in der zweiten Hälfte des vergangenen Jahres mehr als hundert Millionen Mark an die faschistischen Organisationen gegeben hat... Frankreich hat sein Geld gut in die deutschen Nazis investiert, Millerand und Hitler spielen sich gegenseitig in die Hände!

Am 10. Juli 1923 schreibt dieselbe Zeitung erneut über die Affäre:

In der Urteilsbegründung wurde ausgeführt, dass...das ihm (Richert) zur Verfügung stehende Geld dazu bestimmt war, eine Machtübernahme in Bayern und den Sturz des Deutschen Reiches zu finanzieren...Richert war im Auftrag der französischen Regierung tätig, und wenn seine Machtergreifung geglückt wäre, hätte er neben der französischen Regierung als Hauptangeklagter vor Gericht erscheinen müssen...Der Versuch, die deutsche Regierung durch Richert-Fuchs-Machhaus zu stürzen, war ein hochoffizielles destruktives Unterfangen der französischen Regierung gegen die politische Stabilität der deutschen Nation und damit gegen die nationale

Einheit des deutschen Volkes. Die französische Regierung plante, diesen Umsturz in enger Abstimmung mit den anderen französischen Aktionen im Ruhrgebiet zu vollziehen. Die französischen Armeen am Rhein und an der Ruhr hatten den Befehl, im Moment des bayerischen Putsches von Frankfurt nach Hof zu marschieren und so den deutschen Norden vom deutschen Süden zu trennen. Der bayerische Umsturz wäre dann der Vorwand für die Besetzung des Mains durch Frankreich, und die französische Regierung erhofft sich von dem Erfolg der separatistischen Bestrebungen in Bayern weitere Vorteile.

Das ist der Aktionsplan des Zweiten Weltkriegs auf den Punkt gebracht. Nur das wirkliche Vorbild für Fuchs-Machhaus ist Hitler, für Frankreich ist Amerika und für Richert ist Warburg. Auch Hitler hatte 1923 französisches Geld. Sein Sturmführer Ludecke hatte eine Sturmabteilung der Münchner Hitler-Garde auf französische Kosten mit Uniformen ausgerüstet und ausgestattet, wurde aber bald darauf zu Hitlers Leidwesen von der Polizei mit riesigen Summen in Franken entdeckt und entlarvt. (Siehe Wiener Arbeiter-Zeitung) vom 19. März 1923). Aber Hitler hatte nicht nur Franken, sondern in den inflationären Zeiten des Jahres 1923 auch erstaunlich viele Dollar. War seine ungewöhnliche Stärke vielleicht das Ergebnis des Besitzes so vieler Dollars? Die Wiener Arbeiter-Zeitung fragte am 15. April 1923: „Sollten Namen wie Ford, der amerikanische Förderer des Antisemitismus, nicht auch unter den schenkfreudigen deutschen Nazis im

Ausland zu finden sein?"

Am 17. Februar 1923 berichtete die Wiener Arbeiter-Zeitung unter dem Titel: „Der Hitler mit den Dollars".

Was für eine Schande für die Nazis. Erst wurde bewiesen, dass sie Geld von den Franzosen erhalten haben. Dann wird einer ihrer Führer als französischer Spion entlarvt und verhaftet. Nun ist die Münchner Post in der Lage zu beweisen, dass auch Hitler, der bekannte Nazi-General, im Besitz einer überraschend großen Menge von Dollars ist. Unsere Münchner Parteizeitung schreibt: „Kurz vor dem nationalsozialistischen Parteitag erschien Hitler in Begleitung seines 'Leibwächters' in einem Münchner Geschäftshaus, um Möbel für die Redaktionsräume des Volkischen Beobachters, eines neuen Naziblattes, zu kaufen. Nach dem Parteitag begab sich der Geschäftsinhaber persönlich in die Geschäftsräume des Volkischen Beobachters, um den Betrag abzuholen. Hitler war gerade dabei, die Post zu öffnen. Aus mehreren Umschlägen, die ihm zugeschickt worden waren, entnahm er große Dollarbeträge. Aus einer mit Dollarscheinen gefüllten Aktentasche bezahlte er den Betrag von fünf Millionen. Das etwas erstaunte Gesicht des Geschäftsmannes muss ihn offensichtlich dazu veranlasst haben, eine Erklärung für diese doch recht ungewöhnliche Situation zu geben. Er sagte ganz spontan: „Die alten Säcke wollen immer wissen, woher wir unser Geld bekommen. Sehen Sie, die im Ausland lebenden Deutschen unterstützen unsere Bewegung. Wenn wir nur auf die Spenden der Großindustriellen angewiesen wären, dann hätten wir schon längst die Hilfe der Auslandsdeutschen gebraucht." Herr Hitler verfügt also, wie man sieht, über große Geldbeträge in ausländischen Werten. Die verdrehte Erklärung, die er dem Geschäftsmann schuldig zu sein glaubt, dass das Geld von im Ausland lebenden Deutschen stammt, ist nur ein Ausweg aus einer peinlichen Situation. Das Geld kommt aus dem Ausland, und die kaum bestrittene Tatsache, dass die nationalsozialistische Partei aus dem Ausland gespeist wird, ist damit festgeschrieben.

In den Münchner Hitler-Prozessen von 1924 wurde festgestellt, dass Hitler von Nürnberger Industriellen 20.000 Dollar für seinen Putsch erhalten hatte. Nichts ärgerte Hitler so sehr wie der Vorwurf, er werde von ausländischen Kapitalisten finanziert. Aus diesem Grund erhob er im Laufe seiner Machtübernahme 1933 Verleumdungsklagen gegen diejenigen, die solche Meinungen äußerten. Da die Angeklagten natürlich keine Belege und schriftlichen Bestätigungen vorlegen konnten und die Gerichte Hitler schützten, und da zudem ehemalige Beteiligte und Zeugen, die sich gegen die Nazis gewandt hatten, von ihren ehemaligen Freunden grausam verfolgt wurden, ging Hitler regelmäßig als Sieger aus diesen Prozessen hervor, wenn er sie nicht lieber einfach auslaufen ließ. Ein solcher Prozess fand 1923 in München statt. Die Wiener Arbeiter-Zeitung schrieb am 23. Juni 1923:

Der Lantag-Abgeordnete Auer erklärte als Zeuge, er habe die Information erhalten, dass Geldbeträge, darunter dreißig Millionen Mark, dreimal aus dem Saargebiet an die Deutsche Bank überwiesen worden seien und in den Besitz von Personen gelangt seien, die sonst kein Geld zur Verfügung gehabt hätten. Das Geld stammte nachweislich von dem Automobilfabrikanten Ford, der in der Nationalsozialistischen Arbeiterpartei eine große Rolle spielte und zu den Verantwortlichen des französischen Eisensyndikats gehörte. - Der Ladenbesitzer Christian Weber, Mitglied der nationalsozialistischen Parteiführung, erklärte, die Partei habe sehr wohl Geld aus dem Ausland erhalten, vor allem von Parteimitgliedern in der Tschechoslowakei und von Freunden in Amerika.

Ein ähnlicher Prozess fand im Sommer 1932, also kurz vor Hitlers Machtübernahme, gegen den Schriftsteller Abel in München statt. Der Imprekoor vom 14. Juni 1932 berichtete Folgendes:

Hitler und einige seiner Leute, die in der Schlacht als Zeugen auftraten, versuchten ihr Bestes, um vage zu bleiben und nichts zu verraten. Die Gerichte unterstützten Hitler sogar bei diesen Bemühungen. Dennoch hat der Prozess in gewisser Weise zur Aufklärung beigetragen... Im Mittelpunkt des Prozesses stand die Vernehmung Hitlers, die unter sensationellen Umständen stattfand. Der Führer des Braunen Hauses war offensichtlich darauf bedacht, das Verfahren zu sprengen, um peinliche Fragen zu vermeiden. Tatsächlich gelang es ihm, sich im richtigen Moment dank eines wahren Anfalls von Delirium (sogar mit Schaum vor dem Mund!) davonzuschleichen... Er kam ungeschoren davon, als die Frage nach ausländischen Finanzquellen aufkam. Allerdings ließ er sich zu dem zweideutigen Eingeständnis herab, dass die NSDAT stets von ihren Mitgliedern im Ausland unterstützt worden sei; daher könnten Deutsche im Ausland und natürlich auch Nazi-Gönner in Deutschland die Kanäle sein, durch die Geld von Deterding, Schneider-Creuzot und Skoda geflossen sein könnte. Doch als die Anwälte Hitler ganz klare Fragen stellten, begann er wie ein Besessener zu schreien, die Anwälte zu beschimpfen und die Aussage zu verweigern. Selbst das ihm sonst so wohlgesonnene Münchner Gericht kam nicht umhin, ihn wegen „beleidigenden Verhaltens" und Aussageverweigerung, die Hitler schaden könnte, zu einer Geldstrafe von 1.000 Mark zu verurteilen. - Hitlers Leugnen und Wüten ist höchst durchsichtig. In der einen Frage, auf die er geantwortet hat, ist er bereits entlarvt worden, und man kann ihn sogar des Meineids verdächtigen. Er erklärte, er habe den Italiener Migliarati, der nach Abels Behauptung im Verdacht steht, ihm Geldsummen zu übergeben, nie gesehen oder gesprochen. Inzwischen wurde bereits im Bayrischen Kurier nachgewiesen, dass Migliarati an einem kritischen Punkt ein Interview mit Hitler veröffentlicht hat. Es ist nun völlig verständlich, warum Hitler es zu einer Aussageverweigerung kommen ließ und dann

München fluchtartig verließ. Die Beantwortung zahlreicher, sehr präziser Fragen der Verteidigung hätte viel Licht auf Hitlers Finanzquellen geworfen, auf Handlungen, die ein Führer eigentlich durchgehen lassen kann, die aber von der Basis nicht geduldet werden.

Auch die Neue Zürcher Zeitung war der Meinung, dass Hitler durch sein ungewöhnliches Verhalten vor Gericht die Anschuldigungen Abels eher bestätigt als widerlegt hat.

Die engen finanziellen Verbindungen zwischen Sir Henry Deterding, dem Chef der Royal Dutch Petroleum Co. und Hitler sind bekannt und noch frisch im Gedächtnis, so dass es hier genügt, den Namen zu nennen. Konrad Heiden schreibt dazu in seiner Hitler-Biographie: „Direkte und indirekte finanzielle Verbindungen zu Henry Deterding ..., dem großen Inspirator und Spender für antibolschewistische Kampagnen, wurden nicht geleugnet."

Hitler erhielt viele Millionen Dollar von Deterding, Deterdings letzter Wohnsitz war ein Anwesen in Deutschland, und ein Vertreter der Hitler-Regierung sprach an seinem Grab.

In der zeitgenössischen Literatur gibt es zahlreiche Anspielungen und Belege für Hitlers ausländische Finanzquellen, von denen die zuvor zitierten nur einige Beispiele sind, und die folgenden zusätzlichen erwähnt werden sollen:

Die Neue Zürcher Zeitung schrieb in ihrer Tagesausgabe vom 18. Oktober 1929, als die nationalsozialistische Bewegung begann, große Ausmaße anzunehmen, unter dem Titel „Non olet!" (Geld stinkt nicht!):

Die ungewöhnliche Menge an Propaganda, die die Nationalsozialisten heute in ganz Deutschland verbreiten, ihre Kostüme und Soldatenspiele, die allesamt viel Geld kosten, verlangen die Frage: Woher kommt das Geld? Es kann unmöglich nur von der Organisation selbst kommen, wenn man bedenkt, wie die ganze Struktur aufgebaut ist. Woher kommt es denn? Der Badische Beobachter, das führende Organ Mittelbadens... hat sehr interessante Informationen über die Finanzquellen, die in die Hitlerbewegung fließen. Sie kommen zu dem Schluß, woher das Geld für den umfangreichen, kostspieligen Apparat der nationalsozialistischen Agitation stammt...Bemerkenswert für diese Erben des Patriotismus, die ihren Gegnern täglich Verrat vorwerfen und sich selbst wegen ihres absoluten Deutschtums besonders hoch einschätzen, ist, daß das Geld für ihre Bewegung hauptsächlich aus dem Ausland beschafft wird, A Dr. Gausser verkehrte mit Schweizer Spendern, der Münchner Kunsthändler Hanffstangel mit den Amerikanern, ein Ingenieur Jung und Dr. Krebs mit Tschechoslowaken, der Universitätsprofessor Freiherr von Bissing sammelte in Holland Geld für die Hitlerbewegung. Die Korrespondenz wurde mit großer Sorgfalt behandelt und fand nur unter verdeckten Adressen statt. Der Name Hitler wurde nie erwähnt. Er wurde in den Briefen immer „Wolfi" genannt... Geld kam auch von Ford und große Summen wurden von Großindustriellen in der Tschechoslowakei gespendet - Mit der ausländischen Herkunft des Geldes geht nach diesem Bericht auch seine kapitalistische Herkunft einher, ein Merkmal, das noch heute bei der Finanzierung der nationalsozialistischen Partei die wesentlichste Rolle spielt, neben allem anderen, was über die Bewegung bekannt ist oder vermutet wird.

Schließlich ist zu erwähnen, dass der sozialistische Abgeordnete Paul Faure am 11. Februar 1932 vor den französischen Kammern bewies, dass die tschechischen Skoda-Werke zusammen mit der Europäischen Industrie- und Finanzunion, die mit Schneider-Creuzot zusammenarbeitet, riesige Summen an Hitlers deutsche NSDAP gezahlt haben.

Ende 1931 gab Hitler der englisch-amerikanischen Presse eine Erklärung zur Außenpolitik, die perfekt zu seinen Ansichten im Warburg-Bericht passt. Der Imprekoor vom 8. Dezember 1931 vermerkte unter dem Titel: „Hitler auf den Knien vor der Weltfinanz".

Die Nazis glauben an die alte Illusion, dass sie sich auf die Unterstützung Englands und Amerikas verlassen können, wenn sie dem französischen Imperialismus gegenüberstehen. Deshalb übernimmt Hitler in dieser Rede die englisch-

amerikanische These vom „Vorrang" der privaten vor den politischen Schulden. Deshalb würzt er seine Erklärungen zur Tributfrage mit mehreren Angriffen auf Paris, indem er auf die wachsende antifranzösische Stimmung vor allem in England spekuliert... Deshalb macht er ein besonders starkes Eingeständnis bezüglich der Zahlung englischamerikanischer Darlehen und Kredite.

An dieser Stelle soll nun das wertvolle Zeugnis von Dodd zitiert werden. Dodd war von 1933-1938 amerikanischer Botschafter in Berlin. In dieser Funktion lernte er viele hochrangige amerikanische und deutsche Persönlichkeiten kennen. Seine Aufzeichnungen wurden 1943 von seinen Kindern in einem Buch veröffentlicht, das berühmt wurde. Die Unterstützung Hitlers durch das amerikanische Kapital erscheint in Dodds Tagebuch mit ungewöhnlicher Deutlichkeit. Amerikanische Bankiers, die um ihre Investitionen in Deutschland besorgt waren, unterstützten ausnahmslos den Nationalsozialismus. Nachdem Hitler an die Macht gekommen war, lieferten amerikanische und englische Rüstungsindustrien Kriegsmaterial an ihn. Auch reiche Juden duldeten und unterstützten Hitler, darunter die Warburgs. Einige besonders bemerkenswerte Äußerungen in Dodds Skizzen genügen, um dies zu verdeutlichen.

Dodd schreibt über einen reichen New Yorker:

Er war sehr stark gegen die russische Revolution und begeistert von Hitlers Regime in Deutschland.

Er hasst die Juden und hofft, dass sie entsprechend behandelt werden. Natürlich riet er mir, Hitler seinen eigenen Weg gehen zu lassen. (p. 24)

Professor John Coar wollte ganz offen sprechen. Er erzählte mir, dass er ein persönlicher Freund von Adolf Hitler gewesen sei und ihn 1923 gegen seinen Putsch in Bayern beraten habe. (Hitler hatte also schon 1923 amerikanische Berater in seinem Kreis!) Hitler gab ihm immer wieder Interviews und er hatte vor, in einigen Tagen zu Hitlers Sommerhaus in Bayern zu fahren. Er bot mir an, einen genauen Bericht über sein Gespräch mit Hitler mitzubringen, wenn ich ihm einen Brief für Präsident Roosevelt geben würde, dem er einen Abschlussbericht zukommen lassen wollte. (p. 34)

Schacht ist hier der wahre Herr, und die Regierungsbeamten wagen nicht, ihm etwas zu befehlen. (Eintrag vom 3. Januar 1934) (S. 82).

Eines Abends besuchte meine Frau Baron Eberhard von Oppenheim, der in der Nähe von uns prächtig und ruhig lebt. Viele deutsche Nazis waren anwesend. Es heißt, Oppenheim habe der Nazipartei 200.000 Mark geschenkt und eine Sondergenehmigung der Partei erhalten, die ihn als Arier auswies. (p. 86)

Ivy Lee und sein Sohn James kamen um 13.30 Uhr zum Mittagessen. Ivy Lee erwies sich gleichzeitig als Kapitalist und Befürworter des Faschismus. Er erzählte Geschichten über seinen

Kampf um die Anerkennung Russlands und war geneigt, dafür Anerkennung zu geben. Sein einziges Bestreben war es, die Gewinne der amerikanischen Wirtschaft zu steigern, (S. 87)

Lazaron (ein amerikanischer Rabbiner) ist hier, um sich über die Möglichkeiten der Warburgs zu informieren, die die extreme Haltung von Rabbi Wise (gegen die Nazis) bedauern, (S. 148)

Der prominente Hamburger Bankier Max Warburg, Bruder von Felix Warburg in New York, kam auf Bitten von Rabbi Lazaron in die Botschaft, um mich zu sehen. Das unruhige Leben, das er in den letzten Jahren geführt hatte, machte sich bei ihm bemerkbar, und er war nun in Gefahr, sein Leben zu verlieren, wenn seine Ansichten jemals der Regierung bekannt würden. Er blieb eine Stunde. Er ist der Meinung, dass Rabbi Wise und Samuel Untermyer in New York mit ihrem öffentlichen Aufschrei die in den Vereinigten Staaten wie auch in Deutschland lebenden Juden schwer gefährdet haben. Er sagte, Felix Warburg sei derselben Meinung. Diese beiden Männer sind in völliger Übereinstimmung mit Oberst House, der versucht, den jüdischen Boykott (gegen Nazi-Deutschland) zu erleichtern und die Zahl der Juden in hohen Positionen in den Vereinigten Staaten zu reduzieren. (p. 155)

Ich besuchte Eric Phipps und wiederholte vertraulich einen Bericht, wonach Armstrong-Vickers, der große britische Rüstungskonzern, letzte

Woche hier über den Verkauf von Kriegsmaterial verhandelt hatte... Letzten Freitag erzählte ich Sir Eric, dass britische Rüstungsleute hier große Mengen an Kriegsmaterial verkaufen. Ich war offen genug - oder indiskret genug - um hinzuzufügen, dass ich davon ausging, dass Vertreter von Curtiss-Wright aus den USA hier waren, um ähnliche Verkäufe auszuhandeln. (p. 186)

Ich erzählte Lewis, dass Hearst Mussolini seit fünf oder sechs Jahren unterstützt und besucht hat. Ich informierte ihn über Hearsts Besuch in Berlin im letzten September und seine Abmachung mit Goebbels, dass das deutsche Propagandaministerium alle europäischen Hearst-Zeitungen zur gleichen Zeit wie die Vereinigten Staaten erhalten sollte, (S. 221)

Der arme Lazaron war sehr verärgert, weil so viele reiche Juden vor der Naziführung kapituliert haben und einflussreiche finanzielle Helfer von Dr. Schaft sind, für den ihre Unterstützung in der gegenwärtigen Situation sehr wichtig ist (S. 236).

Selbst die Nürnberger Prozesse konnten die Beweise für die einst engen, freundschaftlichen und guten Beziehungen zwischen dem anglo-amerikanischen Kapital, seinen Regierungen und Hitler nicht unterdrücken, obwohl das Gericht eifrig darüber wachte, dass diese Seite des Themas nie zur Sprache kam, indem es Aussagen darüber als „irrelevant und unerheblich" bezeichnete. Insbesondere Schacht erwähnte dieses kritische

Thema.

Als Schacht erneut die Beziehungen ausländischer Mächte zum nationalsozialistischen Regime und deren Unterstützung zur Sprache brachte, entschied das Gericht, dass diese Informationen nichts mit dem Thema zu tun hätten und daher unzulässig seien... Schacht hatte sich von Vertretern ausländischer Mächte überzeugen lassen, dass sie die nationalsozialistische Regierung in ihren Anfängen unterstützen sollten. Das Gericht lehnte es ab, all diese Aussagen zuzulassen. (NZZ Nr. 758, 2. Mai 1946)

Funk verfasste einen Bericht (über die finanziellen Hilfen, die Hitler von Kapitalisten erhielt), der die Frühgeschichte des Dritten Reiches auf interessante Weise beleuchtete. Der Rolle der Geldgeber muss große Bedeutung beigemessen werden, denn ihre Schenkungen und die von ihnen gewährte Hilfe haben Hitlers Aufstieg außerordentlich gefördert. Deshalb lastet auf den betroffenen Bankiers und Industriellen eine schwere historische Bürde. Sie gehören zusammen mit Schacht, von Papen und Hugenberg zu den „Stufen der Leiter", jener Gruppe einflussreicher Männer, die wesentlich zum endgültigen Erfolg des Nationalsozialismus beigetragen haben. (NZZ Nr. 805, 8. Mai 1946)

Baldur von Schitach sprach über eine Stunde lang über seine Jugend und sagte unter anderem, dass es Henry Fords Buch Der internationale Jude gewesen sei, das ihn zum Antisemitismus bekehrt habe. (NZZ Nr. 916, 24. Mai 1946)

Dies sind einige Beispiele für die Unterstützung Hitlers durch ausländische Kapitalisten. Diese Sammlung könnte endlos fortgesetzt werden. Für unsere Zwecke reichen die genannten Beispiele aus.

Hitler wurde nicht nur vom deutschen Kapital gemacht, sondern in erster Linie vom internationalen und vor allem vom amerikanischen Kapital, das von Anfang an, ab ca. 1920, entscheidend in den Kampf um die Macht in Deutschland eingegriffen hat. Wäre dieser deutsche Machtkampf innerhalb der Weimarer Republik nur mit deutschen Mitteln entschieden worden, dann hätte Hitler niemals gewonnen. Hitler wurde der stärkste Mann in Deutschland, weil er auf die stärkste internationale Unterstützung zurückgreifen konnte. Seine Stärke und sein Erfolg sind überhaupt nur zu verstehen, wenn man diese Tatsache berücksichtigt.

Der Warburg-Bericht kann echt sein. Wir gehen nicht davon aus, dass er echt ist, weil uns der absolute Beweis fehlt (im Übrigen fehlen auch die Beweise, um eine Fälschung anzunehmen). Der Warburg-Bericht bleibt also vorerst ein Problem. Man kann durchaus davon ausgehen, dass der Warburg-Bericht symbolisch wahr ist, denn er beschreibt in einfacher, allgemein verständlicher und klarer Weise die tatsächlichen Beziehungen Hitlers zum amerikanischen und internationalen

Kapital, die tausendfach bewiesen sind. Hitler benutzte das amerikanische und internationale Kapital, um den Zweiten Weltkrieg zu verursachen, um Deutschland und Europa zu zerstören und schließlich zu besetzen.

Wer ist schlimmer, die Instrumente oder ihre Anstifter, die anschließend ihre Hände in Unschuld waschen und ihre eigenen Instrumente und Schöpfungen verdammen, indem sie sie am Ende als gefährliche Zeugen entsorgen? Eine „Ordnung", die solche Instrumente und Mittel braucht, muss verurteilt werden.

Der Warburg-Bericht, sollte er echt sein, ist eines der interessantesten und wichtigsten Dokumente unserer Epoche, weil er Licht in das Dunkel bringt, in dem Hitler und der Zweite Weltkrieg entstanden sind, und weil er beweist, dass der Kern des internationalen Kapitals, das amerikanische Kapital, der Kriegsverbrecher Nummer eins ist.

Es ist überdies ein soziologisches und politisches „Lehrbuch" ersten Ranges, weil es die Zusammenhänge zwischen Wirtschaft und Politik unserer Zeit konkret, als lebendiges Zeugnis, darstellt und dem Leser einen Blick in die geheimen Innenkammern des kapitalistischen Imperiums gewährt. Gleichzeitig ist es ein erschütterndes Dokument, weil es überdeutlich macht, dass das unglaubliche Leid und die Opfer der Menschheit in den letzten fünfzehn Jahren im Interesse der internationalen und insbesondere der amerikanischen Hochfinanz herbeigeführt und erlitten wurden. Es ist eine Verpflichtung gegenüber der Allgemeinheit und der Menschheit, die Wahrheit über diesen Bericht aufzudecken und ihn zu diesem Zweck zu veröffentlichen und zu verbreiten.

Oktober 1946.

Die Finanzquellen des Nationalsozialismus

Andere Titel

DIE FINANZQUELLEN DES NATIONALSOZIALISMUS

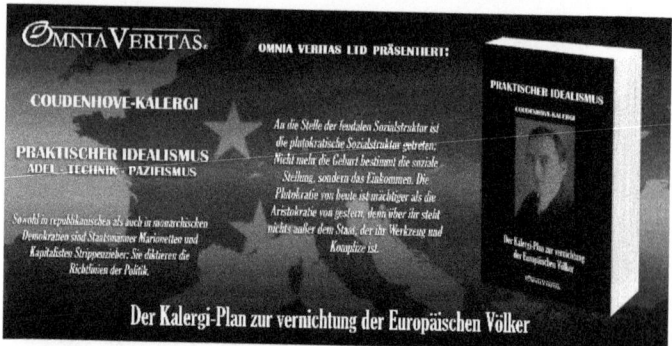

DIE FINANZQUELLEN DES NATIONALSOZIALISMUS

Die Finanzquellen des Nationalsozialismus

HITLERS GEHEIME FINANZIERS

www.ingramcontent.com/pod-product-compliance
Lightning Source LLC
Chambersburg PA
CBHW051105160426
43193CB00010B/1330